인문학을 하나님께 2

인문학을

한재욱 지음

하나님께 2

규장

추천의 글

영혼을
행복하게 해주는 책

한재욱 목사님께서 《인문학을 하나님께2》를 출간하시게 된 것을 진심으로 축하드립니다. 이 책에 실린 칼럼들은 극동방송을 통해 소개될 때마다 청취자들의 뜨거운 반응을 불러일으켰고, 방송 선교에도 귀한 역할을 하고 있습니다.

앞서 발간된 책이 인문학의 주인이 하나님이심을 대전제로 하는 선포의 느낌이라면, 이번 책에서는 철학과 역사 등 각 학문과 분야의 주인 되신 하나님을 더욱 친밀하게 만나는 느낌을 받습니다. 무엇보다도 예수 그리스도의 십자가 사건을 통한 하나님의 영원한 사랑 안으로 독자들을 초대합니다.

이 책을 통해 신앙인들의 믿음이 더욱 공고해지고, 하나님을 모르는 이들을 하나님께로 자연스레 이끄는 귀한 통로로 사용되길 기대하며, 일독을 권합니다.

김장환 | 목사, 극동방송 이사장

감사의 글

인문학,
그 두 번째 이야기를 시작하며

인문학에서 빠질 수 없는 분야로 철학과 역사를 꼽을 수 있을 것이다. 쉽게 접근하기 어려운 분야라는 생각이 들 수도 있지만, 조금만 달리 생각해보면 꼭 그렇지도 않다. 우리네 인생의 생각이 철학이고, 우리네 인생이 모여 역사가 되는 것 아닌가. 그래서 《인문학을 하나님께2》에는 '철학'과 '역사', 그리고 그 모든 것 위에 놓여야 할 '십자가'에 대한 이야기들을 모아보았다.

자격 없고 죄 많고 부족한 자인데, 이렇게 두 번째 책을 낼 수 있도록 해주신 하나님께 감사를 올려드린다. 나에게 믿음을 주시고 지성과 감성을 주신 하나님께 감사를 드린다. 아침과 저녁, 햇빛, 달빛과 함께 시와 노래를 가르쳐주신 주님께 감사를 드린다. 졸필이나마 하나님의 나라 확장에 봉사할 수 있는 기회를 주신 주님께 감사를 드린다.

하나님은 내게 고맙고 감사한 분들을 많이 주셨다. 사랑하는 부모님, 사랑하는 나의 아내 김연주 사모, 그리고 웃음과 기쁨, 복의 통로인 사랑하는 두 아들 현수·윤수, 사랑하고 눈물겨운 강남비전교회 성도님들, 사랑하는 독자님들 그리고 청취자 분들, 존경하는 스승 이형원 교수님, 고마운 동역자 안정환 기자님, 권혁만 피디님, 깊고 푸른 방송의 동역자 김관상 회장님, 송옥석 피디님, 이재규 국장님, 문서 선교의 마당을 마련해주신 규장출판사 여진구 사장님, 문서 선교의 신실한 동역자 장세호 총재님, 이문승 사장님….
모든 분들에게 존경과 사랑을 드리며, 마음 깊이 감사를 전하고 싶다.

한재욱

CONTENTS

추천의 글
감사의 글

1 **철학**, 인생을 질문하다

- 13 지금, 왜 철학인가
- 20 철학의 주인은 하나님이시다
- 42 사람은 사람이고 원숭이는 원숭이다 _유발 하라리 | 사피엔스
- 57 결코 영원히 돌을 굴리지 않는다 _알베르 카뮈 | 시지프 신화
- 69 악의 평범성, 생각 없음이 유죄(有罪)다 _한나 아렌트 | 예루살렘의 아이히만
- 76 웃어라 장미야 _움베르토 에코 | 장미의 이름
- 85 해가 없어진 것이 아니라 잠시 일식(日蝕) 중이다
  _해롤드 쿠쉬너 | 왜 착한 사람에게 나쁜 일이 일어날까
- 95 세상에 가득한 하나님의 암호를 풀어라 _칼 야스퍼스 | 철학
- 106 새들은 하늘에서 물고기는 물속에서 자유하다
  _에리히 프롬 | 자유로부터의 도피
- 113 잘 노는 하나님의 나라 _요한 하위징아 | 호모 루덴스
- 122 스침이 아닌 만남을 _마르틴 부버 | 나와 너

2 역사, 하나님과 인간이 만나다

- 137 역사의 주인은 하나님이시다
- 163 칼보다 강했던 침묵의 힘 _김훈 | 칼의 노래
- 173 시계는 좋은데 나침반이 없는 사람 _김윤희 | 아무개 평전
- 181 자존감은 존재의 집 _이태진, 조동성 | 이토 히로부미 안중근을 쏘다
- 188 성을 쌓지 말고 도로를 닦으라 _시오노 나나미 | 로마인 이야기
- 197 뿌리 깊은 나무는 벌레와 폭풍을 이겨낸다 _이정명 | 뿌리 깊은 나무
- 207 도전과 응전 그리고 창조적 소수 _아놀드 토인비 | 역사의 연구
- 217 흙 속의 돌덩이여, 부활하라 _에릭 카 | 역사란 무엇인가

3 십자가, 깊고 푸른 하나님의 지혜

- 229 옳고도 아름다운 당신
- 238 서부 전선 이상 있다! _에리히 마리아 레마르크 | 서부 전선 이상 없다
- 246 사랑하면 힘을 뺀다 _우에하라 하루오 | 힘 빼는 기술
- 254 그리움이 있는 사람은 복이 있나니 _이성복 | 오늘 아침 새 소리
- 266 사랑은 느끼기가 아니라 배우기다 _에리히 프롬 | 사랑의 기술
- 275 찌질한 일병인 나를 구하기 위해 _스티븐 스필버그 | 라이언 일병 구하기
- 284 작은 당신의 신실함 때문에 지구가 안전하다 _정현종 | 광채 나는 목소리로 풀잎은
- 291 마음에 음악이 있어야 탈출한다 _프랭크 다라본트 | 쇼생크 탈출
- 301 행복한 십자가 _윤동주 | 십자가

후주

하나님이 우리에게 영원에 대한 질문을 품게 하셨다

1

Humanitas To GOD

철학,
인생을
질문하다

Humanitas **To GOD**

지금, 왜 철학인가?

"예루살렘과 아테네가 무슨 상관이 있느냐?"

이는 초대교회 교부 터툴리안(Tertullianus)의 말이다. 예루살렘은 신앙과 계시를 상징하고, 아테네는 학문과 이성을 상징한다. 그러니까 터툴리안은 그리스 철학과 그리스도교 신학을 상호 적대적인 관계로 보았다. 그는 또한 "불합리하기 때문에 믿는다"라는 유명한 고백을 남겼다. 이 또한 철학을 거부하는(?) 고백이기도 하다. 이러한 신학적 전통이 오늘까지 이어져, 오늘의 그리스도인들 가운데도 동일한 질문을 던지는 이들이 많다.

"그리스도인이 왜 (골치 아픈) 철학을 알아야 합니까?"

이 질문에 답하기 위해 조지 맬러리의 이야기로 다가가 보자.

산이 거기 있으니 갈 뿐

최초로 에베레스트 산 정상에 오른 에드먼드 힐러리(Edmund Percival Hillary)보다 앞서 에베레스트 등정을 시도했던 영국의 전설적인 산악인 조지 맬러리(George Herbert Leigh Mallory)는 1924년 6월 8일 에베레스트 정상에 다다르기 직전에 실종되었다. 그의 시신은 75년 후인 1999년 설산에서 발견되었다.

그는 등정에 나서기 전, 이런 질문을 받았다.

"왜 에베레스트에 오르려고 하는 거죠?"

그때 그가 남긴 유명한 대답은 이것이었다.

"산이 거기 있으니까요!"Because it is there.

산을 오르는 목적이 오로지 산에 있다는 맬러리의 대답은 지금까지도 큰 울림으로 남아 있다.

그리스도인이 철학을 알아야 하는 이유도 마찬가지이다. 그것은 첫째, 하나님이 인간에게 철학의 마음을 심어 놓으셨기 때문이다. 산이 거기 있기에 등산가가 산을 오르듯, 하나님이 인간에게 철학의 마음을 심어 놓으셨기에 우리는 철학할 수밖에 없다.

> 하나님이 모든 것을 지으시되 때를 따라 아름답게 하셨고 또 사람들에게는 영원을 사모하는 마음을 주셨느니라 전 3:11

하나님이 심어 놓으신 영원을 사모하는 마음, 이것이 철학의 마음이다.

물이 담긴 투명한 컵에 젓가락을 넣으면 휘어져 보인다. 이처럼 이 세상에는 휘어져 보이는 것들이 많다. 산은 산이고, 물은 물이고, 사람은 사람이다. 그런데 우리는 산도 돈으로 보고, 물도 돈으로 보고, 사람도 돈으로 보는 경우가 많다. 심지어는 하나님마저도 돈으로 보려고 한다.

이렇듯 본질(아르케)이 다 휘어져 있는 가운데 우리는 컵에서 젓가락을 꺼내 휘어지지 않은 그 본질을 보고 싶어 한다. 하나님을 하나님으로, 사람을 사람으로, 산을 산으로, 물을 물로 보고 싶어 한다. 이것이 영원을 사모하는 마음, 본질을 사모하는 마음이며, 이것이 철학의 마음이다. 따라서 우리는 어떤 필요를 위해서 철학을 하는 것이 아니다. 우리의 본성 자체에 철학하는 마음이 있기에 철학하는 것이다.

잘 알아야 잘 싸울 수 있다

그리스도인이 철학을 공부해야 하는 또 다른 이유는 우리가 세상을 잘 알아야 하기 때문이다. 주님은 우리가 '세상의 빛과 소금'이라고 하셨지 '교회의 빛과 소금'이라고 하지 않으셨다.

> 너희는 세상의 소금이니 마 5:13a
> 너희는 세상의 빛이라 마 5:14a

그리스도인이 구름 위에 위에서만 머물며 안식을 누리려 한다면 어쩌는가. 그리스도인이 있어야 할 곳은 구름 위뿐만 아니라 세상이다. 우리가 세상에서의 사명을 다하기 위해서는 세상을 잘 알아야 한다.

많은 신학자들이 "철학은 신학의 시녀이다"라고 주장한다. 다소 어감(語感)이 강하긴 하지만 옳은 선언이다. 이 주장이 나올 당시에는 학문이 여러 분과로 나누어지지 않은 상태였기에 여기서 철학은 학문 전체를 의미한다.

이 말처럼 신학이 학문의 왕이라고 하자. 그렇다면 왕은 어떻게 처신해야 하겠는가? 성군(聖君)은 백성의 아픈 마음과 오류까지 바로 헤아리는 법이다. 신학이 성군이 되자면 다른 학문을 바로 알아야 할 것이다.

하나님이 인간에게 이성을 선물로 주셨고, 학문은 이성적 연구의 결과물이기에 모든 학문은 하나님이 주신 일반은총에 속한다. 그러나 인간의 죄성으로 말미암아 많은 학문들이 하나님을 거부하며 어그러진 방향으로 흐르고 있다. 이에 그리스도인에게는 그 방향을 바로잡을 책임이 주어졌다. 이를 위해서도 일반 학문을 잘 알아야 한다.

정리해보자. 신앙은 하늘의 음성을 듣는 것이 먼저이다. 그래서 그리스도인들은 예배를 드리고 성경을 읽고 기도한다. 또한 그리스도인들은 그 음성을 땅에서 실현해야 한다. 그러기 위해서는 땅을 잘 알아야 한다. 땅을 잘 알기 위해서는 철학을 알아야 한다. 하나님을 떠난 사람들의 학문의 총체가 철학이기 때문이다.

하나님은 부족한 종에게 극동방송의 〈인문학을 하나님께〉 프로그램에 계속 참여하게 하시고, 신문에 칼럼을 쓰며, 오랜 기간 동안 많은 분들에게 '경건 이메일'을 발송하게 해주셨다. 나는 이런 일들을 통해 하늘의 음성이 공감 있는 땅의 언어로 쉽고 친근하게 접목되기를 기도한다. 하나님의 아들 예수님이 우리와 가깝게 만나고자 성육신하였듯이, 신앙의 언어도 땅의 친근한 언어로 접근되어야 한다고 본다. 그럴 때 일반 사람들도 깊이 공감하며 신앙의 세계를 접할 수 있을 것이다.

베드로전서를 보면 선지자들이 연구하고 부지런히 살핀 이야기가 나온다.

> 이 구원에 대하여는 너희에게 임할 은혜를 예언하던 선지자들이 연구하고 부지런히 살펴서 벧전 1:10

가령 어떤 분이 남편을 전도하려 한다면, 남편이 좋아하고 흥미롭게 여기는 주제가 무엇인지, 남편이 두려워하는 것은 무엇인지, 남편을 화나게 하는 것은 무엇인지 등에 대해 잘 알아야 할 것이다. 땅을 잘 알아야, 철학을 잘 알아야 복음을 더 잘 전할 수 있다. 하나님의 말씀을 부지런히 살펴 연구하고, 땅의 탄식을 연구하며 부지런히 살피자.

그리고 우리는 철학의 오류에 빠지지 않기 위해서라도 철학을 공부해야 한다.

강영안 교수는 이런 말을 했다.

철학을 피하기 위해서도 철학을 알아야 합니다. 만일 철학을 알지 못하면 거의 예외 없이 어떤 철학에 붙잡혀 있게 됩니다. 그런 모습을 우리는 사회 운동가들, 신학자들, 목회자들에게서 종종 찾아볼 수 있습니다. 의식적으로 어떤 철학을 따르는 것보다 이런 경우가 더 해로울 수 있습니다.[1]

철학은 절대적인 진리가 아니라 지적이고 이론적이며 반성적인 작업이다. 파스칼은 "철학을 조롱하는 것이야말로 진정으로 철학하는 것이다"라고 했다. 철학을 조롱한다는 의미가 무엇일까? 철학의 밑바탕인 이성을 절대시하지 않는다는 의미일 수도 있고, 철학을 절대시하지 않는다는 의미일 수도 있다. 사실 이성을 절대시하지 않을 때 가장 이성적일 수 있고, 철학을 절대시하지 않을 때 가장 철학적일 수 있다.

철학은 사람의 생각이다. 한 철학자의 생각이 아무리 고매하다 해도 그것은 완전하지 않고 부분적이며 흠이 있다. 또한 철학이란 학문이 본래 비판하는 작업이다. 그런데 철학 그 자체에 파묻히면 철학을 비판할 수 없다.

사람은 누구나 철학적이다. 누구나 자신만의 철학을 가지고 있다. "나는 철학이 없다"라는 것도 하나의 철학인 것이다. 그런데 강영안 교수의 표현대로 플라톤을 전공하면 플라톤주의자가 되기 일쑤이고, 하이데거를 공부하며 하이데거주의자가 될 가능성이 많다. 그 철학이 주는 의미가 아무리 크더라도 절대시하지 않는 것이 오히려 참된 철학적 자세일 것이다. 이처럼 철학의 독단에 빠지지 않기 위해서라도 우리는 철학을 알아야 한다.

누가 철학과 헛된 속임수로 너희를 사로잡을까 주의하라 이것은 사람의 전통과 세상의 초등학문을 따름이요 그리스도를 따름이 아니니라 골 2:8

Humanitas **To GOD**

철학의 주인은
하나님이시다

    가난하고 힘겨운 시절을 살아야 했기에, 그리고 여자라는 이유로 글을 배우지 못했던 우리의 할머니 스무 명이 느지막이 글과 그림을 배워 전시를 열고 책을 냈다. '순천의 소녀시대'라고 불리는 이 할머니들은 막내가 50대 후반, 맏언니는 아흔을 바라본다. 할머니들이 살아온 생을 모두 합하면 1,600년이 넘는다.

    일본군에게 끌려갔다가 돌아오지 못한 친구 이야기, 전쟁 중에 피난 가다가 죽은 동생을 업고 온종일 걸었던 이야기, 구멍 뚫린 양말 사이로 보이는 하얀 엄지발가락이 멋져 보여서 결혼한 이야기, 영어를 배울 때 "안녕하세요, 선생님(티쳐)"을 "헬로, 디져"라고 해서 웃음바다가 된 사연 등. 할머니들의 그림일기에는 한국 근현대사의 애환이 묻어 있고, 세월이 스며 있고, 웃음과 눈물이 배어 있다.

그런데 이 그림일기 책 제목이 참 철학적이다:《우리가 글을 몰랐지 인생을 몰랐나》. 맞다. 할머니들은 글을 몰랐을 뿐 인생을 모른 건 아니다. 반대로 글은 잘 알아도 인생을 모르는 사람이 있다. 철학사나 철학자들에 대해서는 줄줄 꿰고 있지만 철학적으로 살지는 않는 사람이 있다. 김소월과 윤동주를 비롯한 시인들의 시는 줄줄 외우지만 그 시처럼 살지는 않는 사람이 있듯이.

여기서 나는 할머니들의 그림일기를 밑그림 삼아 철학에 관한 이야기를 풀어보고자 한다.

왜 철학인가?

플라톤의 《테아이테토스》에 이런 구절이 나온다.

"그렇게 놀라는 감정이야말로 철학자의 특징이라네. 이것 말고 철학의 다른 출발점은 없네."[2]

거의 모든 철학 교과서에 나오는 플라톤과 아리스토텔레스의 유명한 경구가 있다.

"철학함은 경이(驚異)의 염(念)에서 비롯된다."

철학함(doing philosophy, Philosophieren)은 '놀라움'에서부터 시작한다는 것이다. 그리고 '놀라움'은 자신이 모른다는 것에서 출발한다.

이미 알고 있는 것에 대해서는 놀라지 않는다. 몰랐던 것, 신비한 것을 만날 때 "아!" 하고 감탄한다. 놀라움에서 그치는 게 아니라 놀람에 깨어 알고 싶어져서 "이게 뭐야?" 질문하는 게 철학함의 시작이다. 다시 말해, '자신이 모른다는 것을 아는' 가운데 '놀라움'이 나오고, 이 놀라움에서 '질문'이 이어지는 게 철학함의 시작이다.[3]

'철학'과 '철학함'은 다르다. 철학은 학문의 전문 분과를 말한다. 학교의 정규 교과과정에서 배우는 철학, 전문적인 철학책 속에서 접하는 철학은 일종의 '학문'(science)으로 취급된다. 학문이란, 지적 활동의 결과물(=지식)이 논리적으로 체계화된 것이다.

그런데 '철학함'이란, 인간과 삶에 대해 스스로 묻고 반성하며 탐구의 주체가 되는 사유의 태도를 말한다. 이는 알고 싶어 묻고, 고개를 갸우뚱하며 물음표를 던지는 것이다. 따라서 철학적인 사람이란 삶의 뻔한 습관에서 벗어나 삶에 의문을 품고 질문을 던지고 본질을 고민하는 사람이다.

그러니 결론부터 말한다면, 철학이라는 학문을 몰라도 철학함은 할 수 있다. 즉, 우리 모두는 누구나 철학을 할 수 있다.

철학은 정말 어려운 학문일까?

한 걸음 더 깊이 들어가 보자. 이전 책에서도 말한 적이 있지만, 내가 대학에 다니던 시절에 철학과의 한 교수님이 이런 말을 했다.

"'철학이란 무엇인가?'라고 물으면 아직도 답하기가 힘들다. '철학이란 무엇인가?'라는 물음에 어떤 대답을 할 수 있다면 철학의 시작이 아니라 끝에 가까울 것이다."

그는 현상학의 대가였고, 영어와 독어, 불어를 자유롭게 구사했다. 평생 철학을 전공한 철학 교수가 '철학이 무엇이냐'라는 물음에 답하기가 곤란하다니.

왜 그럴까? 그건 철학자마다 철학이 무엇인가에 대해 말하는 게 다르기 때문이기도 하지만, 무엇보다 '철학'이라는 학문을 한마디로 정의하기가 어렵기 때문이다. 일반인들이 철학을 어렵게 느끼는 이유 중 하나도 철학의 정의에 대한 불명료성 때문일 것이다.

다른 학문은 이름만 들어도 무엇을 지향하는지 대략 짐작할 수 있다. 역사학은 역사에 대한, 법학은 법에 대한, 생물학은 생물에 대한 학문이라고 추측할 수 있다. 그렇다면 철학(哲學)은 '철'(哲)에 대한 학문인가? 명칭만 가지고는 감을 잡을 수가 없다. '철'(哲)이라는 글자가 '밝음'을 의미하니까 '밝음에 대한 학문'이라고 하면 그 의미는 더 멀리 달아난다. 더군다나 철학을 전공한 학자들은 때로 "철학이 무엇이냐고 묻는 게 철학이다"라며 애매모호하게 답변한다.

철학과(哲學科)에 떠도는 재미난 유머가 있다. 1학년 1학기 철학개론 과목의 기말고사에 "철학이란 무엇인가?"란 문제가 나왔을 때, "철학이란 이런저런 것이다"라고 쓰면 B, "모릅니다"라고 쓰면 B+, 백지를 내면 A, "교수님은 아세요?"라고 쓰면 A+를 받는다는 것이다.

조크지만 그럴듯한 말이다. '철학'에 '학'(學) 자가 붙은 것을 보면 학문은 학문인 듯한데, 그 대상이나 범위, 기능, 방법 등이 명확히 규정되지 않은 수수께끼 같은 것이다.

거의 모든 철학개론 강의의 첫 시간은 "철학이란 무엇인가?"에 대한 설명부터 시작한다. 우리가 오늘날 사용하는 '철학'이라는 말은 서양문화사 초기에 등장하는 그리스어 '필로소피아'(philosophia)의 번역어이다. 철학, 즉 필로소피아는 '사랑'이라는 의미의 '필로'(philo)와 '지혜'라는 의미의 '소피아'(sophia)의 결합으로 '지혜에 대한 사랑'을 뜻한다. 흔히 철학이란 무엇인가를 설명할 때 나오는 고착화된 말이다.

'철학'이라는 우리말이 과연 '지혜에 대한 사랑'이란 희랍어로 규정이 가능한가? 만약 우리말로 '필로소피아'를 번역한다면, 말 그대로 '지혜 사랑'이라고 하든지 한문식으로 '애지'(愛智)라고 했어야 할 것이다. 우리가 지금 사용하는 '철학'이라는 말은 일본 학자 니시 아네마가 필로소피아에 대해 해석하고 번역한 것을 그대로 받은 것이다.

특히 필로소피아는 고대 그리스 사상가들에게 있어서도 현대 철학자들에게 있어서도, 이 말을 쓰는 사람마다 다 다른 의미로 사용했다. 그렇다면 철학이란 무엇인가를 알기 위해 철학사(哲學史)에서 이제껏 철학에 대해 말했던 모든 철학자들의 말을 다

듣고 종합해야 할까? 이렇듯 철학에 대한 정의의 불명료성이 철학을 어렵게 만든다.

단순하게 사전에 나오는 철학에 관한 여러 정의를 종합해보면 철학은 '이상과 관련된 인생과 현존하는 세계에 대한 근본적인 원리의 탐구'를 뜻한다고 하겠다. 간단히 말해 철학은 '인생과 사물의 본질을 탐구하는 것'이다.

철학이 우리에게 멀리 있는 다른 이유도 많다. 일단 철학책은 읽기가 힘들다. 철학자들이 사용하는 말이 너무 어려워서 무슨 말을 하는지 알아들을 수가 없는데다, 전문적이고 난해한 언어로 가득 차 있다.

예를 들면, 원질(아르케), 존재, 본체, 관념, 이데아, 보편, 개체, 형상, 질료, 경험론, 목적론, 실체와 속성, 정신과 물체, 본유관념, 물자체, 절대정신과 같은 철학의 핵심 개념을 파악하는 것만으로도 환장할 지경이 된다.

이를 파악하기 위해서는 철학사와 철학자들의 말, 그리고 철학사전을 끊임없이 살펴보아야 한다. 철학책을 보면 아예 "너희 같은 무지렁이는 이곳에 출입 금지야!" 하고 위압적으로 말하는 것 같다. 일반인들은 알 수 없는 심오한 진리를 자신들만 알고 있다고 느끼게 하는 오만함에 왠지 모를 거부감도 느껴진다.

설사 읽었더라도 실생활에는 딱히 도움이 되지 않는다. 구름 먹고 용트림하는 것 같다. 추상적이고 관념적이다. 일반 사람들은 거기서 자신의 문제와 아픔을 발견할 수 없다. 그렇다 보니 철학은 일반인들과는 관계없는 지적 허영심 정도로 치부되기도 한다. 따라서 철학이 어떤 사람에게는 두통거리를 주고, 어떤 사람에게는 쓸데없는 지껄임 정도로 들린다.

또한 철학이란 말 자체가 우스개 놀림감이 되는 까닭은 길거리의 작명소나 관상쟁이조차도 '철학관'이라는 이름을 버젓이 내걸고 있는 현실 때문이다. 그들이 점치는 것이 철학인가? 왜 철학관이라고 이름 지었을까?

그렇다면 철학은 일반인들에게는 쓸모없는 담론에 불과한 것일까? 이런 가운데 독일 철학자 칸트는 철학의 정의에 대한 일반인들의 인식을 바꾸어 놓았다. 그는 '철학'이 중요한 게 아니라, '철학함'이 중요하다고 했다.

"그러나 결코 철학은-무릇 역사적인 것이라면 모를까-배울 수 없으며, 이성과 관련해서 기껏해야 철학함만을 배울 수 있다."[4]

칸트의 선언은 이것이다.

"사람들은 철학(Philosophies) 배울 수 없다. 다만 철학함(philosophieren)을 배울 수 있을 뿐이다."

철학을 배우려 하지 말고 철학함을 배우라는 말이다. 이 선언이 너무나 희망적인 말이다. 우리 모두가 철학을 할 수 있다는 선언이다. 철학은 명사로서의 '철학'을 배우는 것이 아니라 동사로서의 '철학하는 것'을 배우는 학문이라는 것이다. 즉, 철학이 추구하는 최종 목표는 '철학함'을 실천하는 것이라는 의미이다.

그렇다. 철학은 철학할 때에 철학일 수 있다. 철학이 애초에 시작된 곳도 돌아갈 곳도 '삶'이다. 철학은 이론을 탐구하기보다 실제로 사는 일이어야 한다. 그러므로 '철학을 한다'라는 것은 철학에 관해 알고 모르는 게 아니라, 구체적으로 내가 '철학함이라는 일을 수행하는 것'이어야 한다.

이런 의미에서 철학은 이론학이 아닌 '실천학'이다. '철학'은 지혜에 대한 사랑인데, '철학함'이 지혜를 사랑하고 실천하는 것이다. 우리 대부분은 전문 철학자가 아니다. 그러나 철학이 '철학함', 다시 말해 '생각함'의 학문이라는 정의를 받아들인다면 누구나 철학을 할 수 있다. 생각하는 것 자체가 철학하는 것이다. 여기에 희망이 있다.

어린아이들은 철이 들기 시작할 무렵에 끝없이 묻는다. 그러므로 사람들은 어릴 때부터 이미 철학함을 실천하고 있는 셈이다. 어른들도 어느 날 문득 "이렇게 살아도 되는가?" 하는 물음이 들어, 이를 피하지 않고 정면으로 받아들이는 자세를 취할 때 우리는 철학함의 과정 속으로 들어서게 된다.

예를 들어, 사랑하는 누군가가 죽음을 맞게 되면 우리는 "죽음이란 무엇인가? 나도 분명 죽을 텐데" 하면서 죽음을 깊이 묵상한다. 이 또한 철학함의 계기가 된다. 대자연을 보고 경탄을 한다. 아니, 지나가는 개 꼬리를 보고 피식 웃으며 "참 신기하다"라고 새삼 느낀다. 그리고 신기함에 그치지 않고 "왜일까?" 하는 물음을 시작하면 이 또한 철학함의 계기가 된다.

철학함은 여가 시간이 많고, 경제적 여유가 있고, 학식 있는 사람만이 하는 게 아니다. 오늘도 생계를 위해 팍팍하게 일하는 사람뿐 아니라 상식이나 전문 지식이 부족한 어린이, 병들거나 구형을 받아 신체적으로 자유롭지 못한 신분의 사람들조차 철학적 사유만 가능하다면 할 수 있다.

파스칼은 《팡세》에서 이렇게 말했다.

"철학을 비웃는 것, 이것이 바로 진정으로 철학하는 것이다."[5]

철학을 비웃자(?). 전문가인 그들만이 철학을 하는 것이 아니다. 나도 할 수 있다.

철학을 살아내라

다시 늘그막에 한글을 깨우친 순천 할머니들의 그림일기로 돌아가 보자.

"우리가 글을 몰랐지 인생을 몰랐나!"

이 말은 이렇게 패러디할 수 있다.

"우리가 철학을 몰랐지 철학함을 몰랐나!"

철학을 전공했지만 철학하지 않으며 사는 사람이 있다. 시를 전공했지만 시를 살아가지 않는 사람이 있다. 시에 대해 아는 것도 중요하지만 시를 '살아가는 것'은 더욱 중요하다.[6]

시에 대해 아는 것은 지식의 차원이지만 시를 살아가는 것은 삶의 차원이다. 신앙도 마찬가지다. 종교는 아는데 신앙을 모르고, 하나님에 대해서는 잘 알지만 하나님을 모르는 사람이 있다.
　어떤 지식을 가지고 있다는 '소유적 지식'과 무엇을 진정으로 안다는 '존재적 지식'은 다르다. 하나님께서는 내 백성이 지식이 없어 망했다고 하셨다.

내 백성이 지식이 없으므로 망하는도다 호 4:6

이때 '지식'(히브리어, 야다)이란 체험적 지식, 존재적 지식을 의미한다. 마치 남녀가 부부가 되어 살아가면서 서로를 깊이 알아가는 경험적 지식 말이다. '하나님에 대해서'는 잘 아는데, '하나님을' 모르는 사람이 있다. 그분에 관한 지식 정보는 많이 가지고 있는데, 그분에 대한 앎이 없는 사람이 있다.
　다시 철학으로 돌아가 보자. 철학자와 철학사는 줄줄이 꿰고 있어도 '철학함'이 없는 사람이 있다. 철학자와 철학사를 몰라도 '철학함'이 있으면 철학을 하는 것이다. 언급한 바와 같이 철학함은 경이로움을 느끼면서부터 시작된다.
　앙드레 지드의 《지상의 양식》에 이런 구절이 나온다.

마치 하루가 거기에 죽어가기라도 하듯이 저녁을 바라보라. 그리고 만물이 거기서 태어나기라도 하듯이 아침을 바라보라. '그대의 눈에 비치는 것이 순간마다 새롭기를.' 현자란 모든 것에 경탄하는 사람이다.[7]

감탄이 있으면 철학을 하고 있는 것이다. 나이가 들고 늙어서 감탄과 감사를 잃어버리는 게 아니다. 감사와 감탄을 잃어버려 늙어가는 것이다.

이스라엘 백성이 광야에서 생활할 때, 하나님은 하늘의 음식인 '만나'를 내려 주었다. '만나'는 히브리어 '만후'에서 나온 말로 "이게 뭐지?"라는 뜻이다. 이런 감탄어가 그대로 이름이 되었다.

이스라엘 백성은 만나를 먹으면서 신이 났다. 그런데 얼마 지나지 않아 "에게, 이게 뭐야!"라고 불평한다. 처음에는 감탄사였던 '만나'가 불평과 원망이 되었다. 처음에는 "이게 웬 떡이야!" 하다가 "어제도 스팸(통조림 햄), 오늘도 스팸!" 하면서 원망한 것이다. 만나를 가리켜 시편 기자는 '힘센 자의 떡'이라고 했다.

> 그들에게 만나를 비같이 내려 먹이시며 하늘 양식을 그들에게 주셨나니 사람이 힘센 자의 떡을 먹었으며 그가 음식을 그들에게 충족히 주셨도다 시 78:24,25

영어 성경은 'angel's food', 즉 천사의 음식, 하늘에서 온 신령한 양식이라는 뜻이다. 만나는 하나님의 보호하심과 인도하심의 상징이었다. 이렇듯 귀한 하나님의 만나를 스팸으로 취급해 버리고 원망하는 인간의 교만함과 죄성을 보라.

감탄과 감사를 잊기에 늙어가는 것이다. 감탄과 감사를 잊을 때 교만해진다. 감탄과 감사를 잃어갈 때 철학함이 없어진다.

성경에 나오는 믿음의 영웅들은 감탄과 감사를 잊지 않는 사람들이었다.

> 여호와 우리 주여 주의 이름이 온 땅에 어찌 그리 아름다운지요 주의 영광이 하늘을 덮었나이다 시 8:1

하나님에게서 시작되다

이제 철학의 주인 되신 하나님 이야기를 해보자. 하나님은 철학의 주인이시다. 그 이유가 무엇일까?

먼저, 우리가 느끼는 모든 종류의 경탄은 하나님으로부터 비롯되었다. 앞서 철학함의 시작은 '경탄'이라고 했다. 그 경탄은 하나님으로부터 시작되었다. 하나님은 천지만물을 지으시고 스스로 경탄하셨다.

> 보시기에 좋았더라 창 1:4,10,12,18,21,25,31

천지 만물에는 하나님의 신성과 경탄이 스며 있다. 그러기에 사람들이 자연과 인간 스스로가 만들어낸 미학을 보고 감탄한다.

한국 학자들이 가장 많은 연구대상으로 삼은 서양 철학자는 칸트이다. 해방 후부터 간행된 논문과 단행본을 보면 칸트에 관한 논저가 압도적 1위이다. 전국대학 철학박사학위 논문 순위에서도 칸트가 1위이다. 칸트가 주장하는 자유주의, 계몽주의 등 근대적 가치관에 대한 재조명의 맥락 때문이라고 한다. 그가 세계철학사에서 차지하는 비중은 절대적이다. 그의 철학은 서양 철학사의 중앙에 위치한 가장 큰 저수지라고도 한다. 우스개 표현이긴 하지만 "칸트 이전의 철학은 모두 칸트로 흘러 들어갔고 칸트 이후의 철학은 모두 칸트로부터 흘러나왔다"라는 말도 있다. 한 마디로 칸트는 철학의 전 영역에 있어서 큰 업적을 남긴 최초의 프로 철학자이다.

칸트가 1804년 80세로 인생을 마감했을 때, 수많은 사람이 모여 그의 삶을 기렸고, 그의 묘비에 다음과 같은 문장을 새겨 넣었다.

> 생각하면 할수록, 내 가슴을 놀라움과 경외감으로 가득 채워주는 두 가지가 있으니, 하나는 내 위에서 빛나는 별을 보여주는 하늘이며, 다른 하나는 내 마음속의 도덕법칙이다.

이 구절을 "내 위에 별이 빛나는 하늘과 내 안의 도덕법칙"The starry heavens above me and the moral law within me이라고 간추려 쓰기도 한다. 이는 칸트의 수많은 저작 중에서 꼽은 백미 같은 문장인 그의 명작 《실천이성비판》 결론에 나오는 문구이다.

이 구절에 대한 철학적 해석은 무궁무진하다. 그 해석을 다 알 필요도 다 이해할 필요도 없다. 다만 칸트는 자신이 철학을 할 수 있는 근거를 '별이 빛나는 하늘'(경험론, 객관성)과 '마음속의 도덕률'(합리론, 주관성)로 보았다. 칸트는 별이 빛나는 하늘과 자신의 마음속의 도덕률을 보고 경탄했다.

자, 여기서 두 가지에 유의해서 보자. '별이 빛나는 하늘'은 객관적인 자연만물이다. '마음속의 도덕률'은 주관적인 미학이다. 사람은 대자연을 보고 감탄한다. 사람들이 만든 시와 음악과 예술, 도덕의 지고함을 보고 감탄한다.

자연은 하나님이 지으신 작품이다. 인간은 하나님의 형상대로 지음을 받았다. 그래서 시를 지을 수 있고 아이러니를 말할 수 있다. 다시 말해 인간이 느끼는 객관적이고 주관적인 모든 경탄은, 그리하여 철학함이 시작되는 것은 하나님으로부터 비롯되었다. 그리하여 철학의 주인은 하나님이시다.

> 창세로부터 그의 보이지 아니하는 것들 곧 그의 영원하신 능력과 신성이 그가 만드신 만물에 분명히 보여 알려졌나니 그러므로 그들이 핑계하지 못할지니라 롬 1:20

근원적인 질문을 던지는 철학

또한 하나님은 영원에 대한 질문을 품도록 하셨다. 철학함의 시작은 경탄을 느끼면서부터다. 그런데 경탄에서만 그치면 철학함이 되지 않는다. "이것이 왜 이렇지?" 하고 물어야 한다. 지극히 분명하고도 당연한 사실들에 대해 "왜 그런가?"라는 질문을 던지는 것에서부터 시작된다.

과학은 "어떻게?"라는 질문에 답하려 하지만, 철학은 "왜?"라는 질문을 하려 한다. 그래서 "학자는 알고, 예술가는 느끼고, 철학자는 질문한다"라는 말이 나올 정도다.

철학자들뿐 아니라 사람은 누구나 여러 가지 질문을 하면서 살아간다. 그가 무엇을 질문하는가에 따라 그의 수준과 가치관을 알 수 있다. 미련한 사람은 항상 무얼 먹을지, 무얼 입을지 질문하면서 살아간다. 반면 깊고 푸른 사람은 '나는 누구인가?', '나는 왜 존재하는가?', '모든 존재의 근원은 무엇인가?'라고 질문한다.

철학자들은 자연이란 무엇인가에서부터 사랑과 자유처럼 추상적인 문제, 그리고 전쟁과 자본주의같이 구체적인 문제까지 질문하고 또 질문했다. 그 질문은 오늘도 계속된다. 물음이 끝이 없다는 것은 곧 앎의 세계가 '무한'하다는 것을 시사하고 있다.

결국, 철학이란 인간이 결코 완전하지 못한 탓에 완전한 지식을 얻으려고 '무한'한 앎에 대한 근원적인 물음을 던진다. 그리하여 철학이 가장 처음 그리고 가장 위대하게 던졌던 질문은, "세상을 이루고 있는 '아르케'(arche)는 무엇인가?"라는 것이었다.

'아르케'란 말을 처음 사용한 사람은 자연 철학자의 한 사람인 아낙시만더이다. 고대 철학자들은 모든 변화하는 것의 밑바탕에는 영속적인 참된 존재가 놓여 있다고 보았다. 이 항구적인 것을 아르케라고 불렀다.

아르케는 처음에는 시작, 근원, 원인 등의 의미이지만, 후에는 제1원리, 원소, 지식의 원리라는 의미로도 사용되었다. 아르케는 스스로는 변하지 않으면서 모든 변화를 가능하게 하는 근원이다. 세상의 존재를 가능하게 한 원인이며 세상을 만든 기본적인 질료이므로 세상의 근거라고 할 수 있다.

최초의 철학자로 불리는 탈레스는 물이 만물의 근원이라고 했고, 아낙시만더는 무한자(아페이론, apeiron), 아낙시메네스는 공기, 헤라클레이토스는 불, 데모크리토스는 원자를 각각 만물의 근원이라고 주장했다. 덧붙여 아리스토텔레스는 아르케를 '학문의 기본 원리'라는 의미로도 사용했다.

아르케는 현세적인 의미도 있다. 목수의 우두머리(건축 기사)도 건축 현장의 아르케(우두머리)였다. 이 용법은 지금까지도 건축술에 남아 있다. 또한 정부, 제국, 영역, 권위를 나타내는 말로도 사용되었다.

철학은 아르케의 결여를 싫어했다. 아르케가 없는 상태를 아나키(anarchy)라 하며, 군주제(monarchy=mono+arkhe)를 의미하는 아니키는 아르케가 하나라는 뜻이다.

인간이 인간을 넘어서다

여기서 깊이 생각해야 할 사항이 있다. "인간은 왜 '아르케'에 대해 깊이 묻고 궁금해 하는가?" 하는 것이다. 이 질문에 답하기 위해 먼저 파스칼의 말을 상고해보자. 그는 《팡세》에서 인간에 대해 이렇게 말했다.

> 그대는 자신에 대해 얼마나 역설적인가를 깨달으라! 무력한 이성이여, 머리 숙이라. 어리석은 자연이여, 침묵하라. 인간이 무한히 인간을 넘어선다는 것을 배우라. 그리하여 그대들이 모르는 자신의 참된 신분을 그대들의 주(主)에게서 배우라. 신의 말씀을 들으라.[8]

이 구절에서 인간이 "인간을 넘어선다"l'homme passe infiniment l'homme라는 말은 파스칼의 인간관에 중요한 선언이다. 인간은 해석하기가 어려운 존재라는 의미이다. 인간이 인간에게 불가해한 것은 그가 '인간을 넘어서는 존재' 즉 인간 이상의 존재이기 때문이다. 인간 자체에 그 존재의 탁월함이 존재성 속에 포함되어 있다는 의미이다.

파스칼은 철학의 원초적 오류는 "인간이 인간을 무한히 넘어선다"라는 사실을 인정하지 않은 데 있다고 했다. 철학은 인간을 단지 인간 범주 안에서 설명하려고 하기에 모든 철학적 시도가 실패로 돌아간다고 한다. 더 구체적으로 살펴보자.

시편에 의하면, "하나님은 없다"라고 말하는 자가 가장 미련하고 교만한 자이다.

어리석은 자는 그의 마음에 이르기를 하나님이 없다 하는도다
시 14:1a

하나님이 배제될 때 인간의 시선은 오직 인간 자신에게 맞추어진다. 인간이 인간만 바라보면 답이 없다. 인간은 인간을 무한히 넘어선다. 인간은 세상보다 더 크고 인간보다 더 위대하다. 인간에게는 무한, 영원을 사모하는 마음이 있다.

이는 인간 이상의 것이다. 파스칼에 의하면 철학자들은 이것을 발견하지 못했다는 것이다. 파스칼은 겸허히 머리 숙여 하나님의 목소리에 귀 기울여서 자신의 참된 위치를 발견하라고 한다.

인간이 아르케에 대해 깊이 질문하는 것은, 인간이 인간을 넘어선 존재, 즉 그 가슴 속에 '영원'과 '무한'을 품고 있기 때문이다. 그렇다면 이 영원은 어떻게 해서 생긴 것인가? 바로 하나님이 주셨다.

하나님이 모든 것을 지으시되 때를 따라 아름답게 하셨고 또 사람들에게는 영원을 사모하는 마음을 주셨느니라 전 3:11

그렇다. 하나님이 '아르케', 즉 '영원'에 대한 마음을 주셨다. 인간은 동물을 넘어선다. 오늘날의 자연과학은 인간과 동물이 차이가 없다는 쪽으로 흐르고 있다. 그렇지 않다. 인간은 동물

을 훨씬, 훨씬, 훨씬 넘어선다. 또한 인간은 인간을 넘어선다. 인간은 하나님의 형상대로 지음을 받아서 그 마음에 인간 이상의 것 '영원'이 심겨 있다. 그래서 인간은 질문 중의 최고의 질문인 영원, 근원에 대한 질문을 던진다.

성경의 첫 문장

진지한 철학자들이 끝없이 물어왔다.
"천지만물의 아르케가 무엇인가?"
성경은 분명하고 명료하게 대답한다.
"하나님이 만물의 근원이다! 모든 것의 근본, 근원은 바로 하나님이시다."
창세기 1장 1절의 선언이 바로 그것이다.

태초에 하나님이 천지를 창조하시니라 창 1:1

천지만물의 모든 근원이, 즉 아르케가 하나님이시라고 선언한다.
세계 명작을 보면 천둥 같은 첫 문장들이 있다.
"그는 멕시코 만류에서 조각배를 타고 홀로 고기잡이하는 노인이었다." He was an old man who fished alone in a skiff in the Gulf Stream.

헤밍웨이는 《노인과 바다》의 이 첫 문장을 무려 200번이나 고쳐 썼다고 한다. 첫 문장은 그 이후 모든 이야기를 끌고 가는 기관차이다. "작가는 첫 문장을 쓰기 위해 밤을 지새우고, 독자는 첫 문장을 읽는 순간, 밤잠을 설친다!"라는 말이 있다. 잠을 못 자게 하는 첫 문장들을 보라.

"박제가 되어버린 천재를 아시오?" 이상, 《날개》
"국경의 긴 터널을 빠져나오자, 눈의 고장이었다. 밤의 밑바닥이 하얘졌다. 신호소에 기차가 멈춰 섰다." 야스나리, 《설국》
"그레고르 잠자는 어느 날 아침 거북한 꿈에서 깨어나면서, 자신이 침대에서 괴물 같은 벌레로 바뀐 것을 발견했다." 프란츠 카프카, 《변신》

명작은 첫 문장에 예언이 담겨 있고, 결말과 맞아떨어진다. 그러나 그 어떤 첫 문장도 성경의 첫 문장인 창세기 1장 1절에 비할 수 없다. 하나님이 천지만물과 인간을 창조하셨다. 천둥 같은 첫 문장이 아니라, 천둥까지 만든 첫 말씀이다. 이 첫 말씀 이후 인류와 모든 만물의 역사가 시작되었다.

신학교에서 창세기를 강의할 때, 창세기가 너무 좋아서 창세기 1-3장을 히브리어로 모두 외워 버렸다. 한 학기 동안 창세기를 모두 강의했어야 하는데, 한 학기 동안 겨우 1-3장만 강의했다. 강의 계획표를 완전히 배신한 것이다.

'무슨 욕을 먹을 지라도 이 내용은 꼭 강의해야 한다', '이 내용도 강의해야 한다'라면서 절제를 못하다가 그렇게 되었다. 지금도 창세기를 펴면 가슴이 뛴다. 거기에 무한한 태초의 이야기가 나오기 때문이다.

자, 다시 한 번 읽어보자.

"태초에 하나님이 천지를 창조하시니라."

너무나 신기하고 통쾌한 것이 창세기에 나오는 '태초'가 지금껏 말해왔던 철학의 '아르케'와 동일한 단어라는 것이다. 창세기의 '태초'는 히브리어로 '베레쉬트'인데, 이를 LXX(70인역)은 '아르케'로 번역했다. 하나님은 왜 성경을 '태초에'라는 시작하셨을까? 그 이유는 간단하다. 성경의 모든 내용 중에서 가장 중요하기 때문이다. 성경의 모든 내용을 이끌어가는 기관차 구절이기 때문이다.

또 하나의 창세기인 요한복음 1장 1절을 보자.

태초에 말씀이 계시니라 이 말씀이 하나님과 함께 계셨으니 이 말씀은 곧 하나님이시니라 요 1:1

이 구절의 '태초'도 역시 '아르케'이다. 하나님은 영원에 대한 질문, 즉 철학자들이 그토록 알고 싶어 했던 '아르케'를 창세기 1장 1절과 요한복음 1장 1절에서 가르쳐주고 계신다.

"태초에 하나님이!"

"아르케는 하나님이!"
그리하여 철학의 주인은 하나님이시다.

유발 하라리 | **사피엔스**

사람은 사람이고
원숭이는 원숭이다

나는 이 책이 독자 스스로 '우리는 누구인가, 어디에서 왔는가, 어떻게 해서 이처럼 막대한 힘을 얻게 되었는가'를 이해하는 데 도움이 되기를 희망한다.[9]

《사피엔스》의 서문에 나오는 말이다.
'우리는 누구인가? 우리는 어디서 와서, 어떻게 여기까지 왔는가? 그리고 어디로 가는 것인가?'
이 질문은 깊고 깊은 존재의 질문이다. 이 질문은 태고로부터 이어져 왔고, 인류의 역사가 지속되는 한 영원히 이어질 것이다. 현인들은 각 시대마다 그 시대정신에 입각해서 이 질문에 답해 왔다. 각 시대마다 그 시대의 과학과 학문의 수준을 대변하는 인물들이 나오는데, 4차 산업혁명의 시대를 맞으며 과학과 학문의 융합 시대에까지 이르게 된 요즘은 유발 하라리가 그러하다. 그의 명쾌하고도 신박한 말을 들어보자.

> 약 135억 년 전 빅뱅이라는 사건이 일어나 물질과 에너지, 시간과 공간이 존재하게 되었다. 우주의 이런 근본적 특징을 다룬 이야기를 우리는 물리학이라고 부른다. 물질과 에너지는 등장한 지 30만 년 후에 원자라 불리는 복잡한 구조를 형성하기 시작했다. 원자는 모여서 분자가 되었다. 원자, 분자 및 그 상호작용에 관한 이야기를 우리는 화학이라고 부른다. 약 38억 년 전 지구라는 행성에 모종의 분자들이 결합해 특별히 크고 복잡한 구조를 만들었다. 생물이 탄생한 것이다. 생물에 대한 이야기는 생물학이라 부른다. 약 7만 년 전, 호모사피엔스 종에 속하는 생명체가 좀 더 정교한 구조를 만들기 시작했다. 문화가 출현한 것이다. 그 후 인류문화가 발전해온 과정을 우리는 역사라고 부른다.[10]

이렇게 속 시원하게 물리학, 화학, 생물학과 역사를 통합적으로 설명하는 것을 들어 본 적이 없다. 물론 전문가들은 그의 지식을 얕고 넓은 지식이라고 평가하기도 한다. 그러나 그는 윈드서핑하듯이 여러 학문들을 넘나들며 시원시원하게 설명하고, 지적 호기심을 한껏 유발시킨다.

사피엔스의 혁명

《사피엔스》는 빅뱅으로부터 시작하여 현재에 이르는 역사를 물리학, 천문학, 지질학, 생물학, 인문학 등을 통섭해서 살핀다. 이른바 '빅 히스토리'의 관점으로 기록한 인류 역사의 대 서사로, '사피엔스'라는 종(種)이 어떻게 지구 역사를 지배하게 되었는가를 보여주는, 비신앙적이며 진화론적인 관점의 책이다.

먼저, 그는 '우리는 어디서 왔는가?'에 답하고자 한다. 유발 하라리는 인간을 "신이 된 동물"[11]로 보며 철저하게 진화론적 인간관을 보여준다. 많은 진화론자가 그러하듯이 빅뱅에서 생물체가 시작되었고, 우연과 수많은 진화의 과정을 거쳐 영장류가 탄생했으며, 그 영장류 중에서 사피엔스 종이 세계를 지배하게 되었다고 한다. 첫 단추부터 잘못되었다.

또한 우리는 어떻게 여기까지 왔는가? 이 질문에 유발 하라리는 생물학자들이 분류하는 인간 이해에 기초를 두면서 인간을 '호모' 즉 유인원 중에서 지혜를 뜻하는 '사피엔스' 종에 속하는 동물로 보았다. 그는 '호모'로 분류되는 인류의 대여섯 가지 종 가운데서, 왜 사피엔스 종만이 오늘날까지 살아서 지구를 지배하는 가에 관심을 둔다.

나머지 종(種)들은 다 사라졌다. 사피엔스가 이들을 도태시켰을 것이라고 추측한다. 사피엔스가 그토록 막강한 힘을 가졌는가? 아니다. 사피엔스는 연약한 수렵채집 유인원에 불과했다. 강한 존재가 아니었다. 그렇다면 어떻게 사피엔스가 모든 종을 누르고 최고가 되었는가? 하라리는 그 이유로 7만 년 전 일어난 인지혁명(The Cognitive Revolution), 2천 년 전 일어난 농업혁명, 5백 년 전에 일어난 과학혁명을 통해서 사피엔스가 지구촌을 장악하게 되었다고 한다.

인지혁명이란, 사피엔스가 똑똑해진 혁명이다. 사피엔스가 유전자의 돌연변이로 인해 보여준 사고방식으로, 언어를 사용해 의사소통을 하고, 문화를 만들며, 다른 유인원들에게서 찾아 볼 수 없는 협동하는 능력을 갖추었다는 것이다.

농업혁명이란, 사피엔스가 자연을 길들여 자신이 원하는 일을 하게 만든 혁명이다. 수렵을 하던 인간이 식물과 가축을 길들여 원하는 대로 경작하고 조작하며 살아가게 된 혁명이다. 농업혁명 덕분에 한 곳에 정착하고 식량이 늘어나면서 인구는 기하급수적으로 증가했다. 이제 이 거대한 무리를 통제할 수단이 필요해졌다. 이에 소수의 엘리트들은 종교, 국가, 법 등 눈에 보이지 않는 상상의 질서를 만들어 자신들의 지배를 정당화했고, 더 큰 혁명을 이루며 마침내 제국이라는 상상의 질서를 만들어내기에 이른다. 하라리는 이러한 농업혁명을 인류 최대의 사기 사건이라고까지 한다.

과학혁명이란, 사피엔스가 놀랄 정도의 힘을 가지게 된 혁명이다. 탐구와 탐험을 통해 하나님이나 자연법에서 벗어나, 인간의 지식이나 경험이 우주를 해석하는 수학적 도구로 변신하게 된 사건이다. 과학혁명 덕분에 인류는 초인적 힘과 무한한 에너지를 갖게 되었다.

유발 하라리는 과학혁명 다음은 생명공학혁명이며, 이를 위한 '길가메시 프로젝트'가 있다고 말한다. '길가메시 포로젝트'는 인간에게 영원한 생명을 주는 것을 목표로 한다. 인간이 신의 영역으로 들어서려는 것이다.

인간에게 주어진 허구의 능력

여기서 특히 첫 번째 인지혁명을 주목해보자. 하라리는 '우연히' 사피엔스의 뇌에 유전자 돌연변이가 일어나서 전에 없던 방식으로 생각을 하게 되었고, 완전히 새로운 유형의 '언어'로 의사를 소통하는 '인지혁명'이 일어난 것이 모든 혁명의 시작이었다고 한다.

사피엔스는 언어를 통해 중요한 정보를 교환하고, 뒷담화 같은 소소한 수다를 떨면서 더욱 긴밀한 협력 관계를 만들었다. 무엇보다도 '허구'의 세계를 만들어내면서 유연하게 다수가 협력할 수 있었다는 거다.

한 사피엔스가 "강변에 사자가 있다"라고 말하면, 다른 사피엔스는 한술 더 떠서 "사자는 우리 종족의 수호령이다"라고 말한다. 그러면 사자를 본 적이 없는 다른 사피엔스들은 그것을 믿는다. 이렇듯 가상을 진짜 있는 것처럼 만드는 허구의 능력이야말로 사피엔스의 최강점이라는 것이다.

덕분에 사피엔스는 단순한 상상을 넘어서 집단적으로 상상할 수 있게 되었고, 이런 상상의 허구 덕분에 현대국가의 민족주의와 같은 공통의 신화를 가지게 되었다. 또한 그 덕분에 사피엔스는 여럿이 유연하게 협력하는 유례없는 능력을 발휘하게 되었다는 것이다.

아무리 뛰어난 개체라도 하나가 열을 이길 수는 없다. 백은 두말할 나위도 없다. 사피엔스는 인지혁명을 통해서 협동력을 갖추게 되면서부터 최강의 존재가 되었다고 했다. 사피엔스는 1천 명이 모일 수도 있고, 1억 명이 넘는 국가 공동체도 만드는 존재이다. 인지혁명 때문이다.

쉽게 설명해보자. 인간과 침팬지를 외딴섬에 함께 두고 누가 더 잘 생존하는지 겨룬다면 침팬지가 이길 것이다. 그러나 인간과 모든 동물의 진짜 차이는 개별적 수준이 아니다. 집단적 수준이다. 인간만이 수많은 숫자가 함께 협력할 수 있다.

벌과 개미 같은 것들도 많은 숫자가 협동하나 융통성이 없다. 벌집이 돌아가는 방법은 단 한가지 밖에 없다. 태고부터 지금까지 벌집의 모양은 같다. 또한 새로운 기회나 위험이 다가와도 벌들은 사회 체계를 빠르게 재건할 수 없다. 예를 들어 그들은 새로운 형태의 집을 짓거나 여왕벌을 처형하고 벌 공화국을 세울 수 없다.

늑대, 코끼리, 고래, 침팬지 같은 사회적 포유류들도 서로 협력할 수 있으나 그 수가 적어야만 그렇게 할 수 있다. 다수가 모여도 유연하게 협력할 수 있는 유일한 영물은 오직 인간뿐이다. 십만 마리 침팬지를 축구 경기장에 집어넣는다면 재난을 맞을 것이다. 그러나 인간은 가능하다.

더 깊이 들어가 보자. 하라리는 사피엔스가 '허구적 상상력'을 가지고 이러한 인지혁명을 이루어 갔다고 한다. 예를 들면 신화, 역사, 사상과 같이 '있지 않는 것', 인류 종만이 가진 것, 즉 허구 서사를 통해서 이기적인 개체들이 협동하는 공동체로 진화했다는 것이다. 이것이 사피엔스의 위대함이라는 것이다.

다시 말해 사피엔스는 현실 세계에 살고 있지만, 허구 서사를 통해서 가상 세계를 만들어놓았고, 이 가상 세계가 사피엔스를 강하고 위대하게 만들었다는 것이다. 한마디로 사피엔스가 '허구'를 만들 수 있는 능력을 가지게 됨으로 다수가 유연하게 협력할 수 있는 공동체를 만들며 지존의 존재가 되었다는 것이다.

그렇다면 사피엔스를 막강하게 만든 '허구'란 대체 무엇인가? 하라리가 말하는 대표적인 허구는 세 가지이다. 그것은 종교, 제국, 돈이다.

첫째, 사피엔스는 '종교'를 만들어서 인간의 참을 수 없는 존재의 가벼움을 극복했다고 한다. 유한성을 극복하고 무한과의 연결 지점을 찾아낸 것이 종교라고 한다. 종교라는 허구를 만들어 인간이 무한과 영원과 소통할 수 있는 길을 연 것이다. 이러한 종교를 통해 사피엔스는 많은 무리를 결속하여 협력하는 공동체를 만들 수 있었다.

예를 들어, 침팬지에게 "나에게 바나나를 주면 너는 천국에 갈 수 있어"라고 말한다면 씨도 안 먹힐 것이다. 그러나 인간은 가능하다. 더 나아가 십자군 전쟁같이 "(보이지 않는) 신을 위하여 목숨을 걸고 싸우자"라는 말도 통한다는 것이다. 사피엔스는 보이지 않는 상상 속의(=허구 속의) 신과 천국을 말하면서 공동체를 결집시킬 수 있었다는 것이다.

둘째, '제국' 즉 국가를 만들어서 '내'가 아닌 '우리'라는 강력한 협동 공동체를 만들었다는 것이다. 예를 들어 보자. 우리를 한국인으로 만든 것은 역사이다. 더 구체적으로 한국사이다. 역사라는 서사를 통해서 현재의 나를 과거의 조상과 미래의 후손과 연결시켜서 '우리'를 형성한다. 그리고 이념, 제도, 사상이라는 것을 통해서 거대한 제국을 건설한다.

셋째, 사피엔스는 가장 강력한 허구로 돈을 만들었다. 돈 자체는 종이에 불과하지만 신뢰 시스템, 즉 보이지 않는 상징적 질서가 돈을 가치 있는 것으로 만들었다. 돈은 인간이 창조한 신뢰 시스템 중 유일하게 거의 모든 문화적 간극을 메울 수 있다. 종교나 성별, 인종, 연령을 모두 아우른다. 돈 덕분에 서로 알지 못하고, 심지어 신뢰하지 않는 엄청난 다수의 사람들까지도 효율적으로 협력할 수 있다.

쉽게 말하자. 모든 사람이 신을 믿는 것은 아니다. 모두가 인권을 믿진 않는다. 모두가 민족주의를 믿진 않는다. 가치관이 다 다르다. 그러나 모두가 돈을 신뢰한다. 돈의 위력 앞에 세상은 하나의 커다란 시장으로 변모해가고 있다. 이것이 제국의 힘과 겹칠 때 그 위력은 거의 통제 불능이 된다. 시대의 흐름에 따라 제국도 무너지지만, 돈의 힘은 죽지 않는다. 제일 막강하다.

언어를 사용하는 사피엔스는 이렇게 종교, 제국, 돈이라는 허구적인 가상 세계, 상상의 세계를 만들었고, 이 능력은 공동체의 결속을 이끌어내면서 문명을 만들었으며, 여기까지 왔다는 것이다.

속도보다 방향이 중요하다

끝으로 '우리는 어디로 가는가?'에 대한 하라리의 답변을 직접 들어보자.

> 우리의 기술은 카누에서 갤리선과 증기선을 거쳐 우주왕복선으로 발전해왔지만, 우리가 어디로 가고 있는지는 아무도 모른다. 과거 어느 때보다 강력한 힘을 떨치고 있지만, 이 힘으로 무엇을 할 것인가에 관해서는 생각이 거의 없다. … (중략) … 스스로 무엇을 원하는지도 모르는 채 불만스러워하며 무책임한 신들, 이보다 더 위험한 존재가 또 있을까?[12]

유발 하라리는 《호모 데우스》를 낸 후, 〈월드 포스트〉와의 인터뷰에서 이런 말을 했다.

"인류의 역사는 인류가 신을 창조하면서 시작됐고, 인류가 신이 되면 역사는 끝날 것이다."

힘을 가진 자가 자신이 가야할 방향을 모른다면, 힘을 가진 자가 악마의 마음을 가지고 있다면, 그처럼 무서운 존재는 없을 것이다. 바위도 자르는 날카로운 칼을 가지고 정신없이 칼춤을 추는 사람과 같다. 인류는 4차 산업혁명 시대에 이르러 인공지능 로봇까지 만들어내며 하라리의 표현대로 '호모 데우스(神)'가 되었다. 그러나 여전히 그 힘을 어디에 써야 할지, 어디로 가야할지 몰라 더욱 위험한 존재가 되었다는 것이 하라리의 주장이다.

이 점에 있어서는 옳은 지적이다. 속도보다는 방향이 중요하다. 시계보다는 나침반이 중요하다. 이와 같이 하라리는 반(反)신앙적, 진화론적, 생물학적, 생명공학적인 인간 이해를 펼친다.

하라리의 풀 네임은 유발 노아 하라리(Yuval Noah Harari, 1976년 2월 24일~)이다. 그는 이스라엘 하이파 출생이다. 영국 옥스퍼드대에서 중세전쟁사를 전공했고, 지금은 이스라엘 히브리대에서 역사를 가르치고 있다. 거대한 인류 역사를 다룬 《사피엔스》는 베스트셀러가 되면서 30개 언어로 번역되는 등 세계적인 명성을 얻었다.

사실 《사피엔스》는 새로운 책이 아니다. 데이비드 크리스천의 《빅 히스토리》, 제레드 다이아몬드의 《총, 균, 쇠》에서도 이런 접근을 했었다. 유발 하라리 자신도 《총, 균, 쇠》의 영향을 받았다고 했다. 그러나 유발 하라리는 무엇보다 유려한 글 솜씨로 어려운 문제를 쉽게 풀어내는 스토리텔링 능력이 뛰어나다. 역사와 과학과 철학을 넘나드는 박식하면서도 호탕한 문체를 가지고 대중의 지적인 허기를 채우며 그들을 사로잡는다. 더군다나 "인류가 신을 창조하면서 역사가 시작됐고, 인류가 신이 되면 역사는 끝날 것이다", "2100년 이전에 현생 인류는 사라질 것이다"와 같은 도발적인 거대 담론을 말하면서, 독자들을 숨 막히게 빨아들이는 마력을 보여준다.

페이스북 설립자 마크 저커버그가 《사피엔스》를 극찬하며 자신의 온라인 독서클럽에 채택하면서 이 책은 더욱 주목을 받기 시작했다. 마이크로 소프트사의 빌 게이츠, 제레드 다이아몬드 교수 등의 격찬과 추천도 '사피엔스 신드롬'에 더욱 불을 지폈다.

《사피엔스》는 인류의 과거를 말한다. 뒤이은 저술《호모 데우스》는 인류의 미래를 말하고, 《21세기를 위한 21가지 제언》은 인류의 현재를 말한다. 그가 말하는 인류의 현재 모습이나 인류의 미래에는 공감이 되는 부분이 있다. 그러나 첫 단추《사피엔스》는 기본부터 완전히 잘못되었다. 세련되고 현란한 잘못된 가정이다. 거짓 진리이다.

성경이 말하는 인간의 진짜 역사

이제는 성경적으로 정리해보자. 먼저, 우리는 어디서 왔는가? 우리는 하나님이 창조하셨다. 인간은 하라리가 주장하듯이 우주의 빅뱅에서 우연히 만들어진 존재가 아니다. 영장류의 한 일원으로 유인원으로부터 진화된 존재가 아니다. 이에 대해서 얼마나 긴 설명이 더 필요할까. 우리는 하나님이 창조하신 걸작품이다.

그리고 우리는 어떻게 해서 여기까지 왔는가? 하라리는 호모로 분류되는 여러 종 중에서 사피엔스 종이 우연히 유전자의 돌연변이로 인해 인지혁명이 일어났다고 했다. 그리하여 '허구'를 말할 수 있는 능력이 생겨났고, 이 능력을 발휘하여 사피엔스 종이 세상의 지배자가 되었다고 본다. 하지만 그렇지 않다. 인간은 처음 창조될 때부터 하나님의 형상대로 지음을 받아서 다른 동물들과는 비교할 수 없는 탁월한 능력을 지니고 있었다.

> 하나님이 이르시되 우리의 형상을 따라 우리의 모양대로 우리가 사람을 만들고 그들로 바다의 물고기와 하늘의 새와 가축과 온 땅과 땅에 기는 모든 것을 다스리게 하자 하시고 하나님이 자기 형상 곧 하나님의 형상대로 사람을 창조하시되 남자와 여자를 창조하시고 창 1:26,27

인간은 다른 동물들과 별 차이 없는 존재였다가 어느 날 갑자기 유전자의 돌연변이로 특별한 능력을 얻게 된 것이 아니다. 처음부터 탁월했다. 진화생물학자들이 영장류의 2위라고 말하는 침팬지와 1위인 인간의 차이는 비교 불가이다. 아이러니를 말할 수 있고, 예술을 만들어내며, 화음(和音)과 불협화음까지 노래하고, 지구를 통째로 부술 정도까지 힘을 가진 인간이다. 2위인 침팬지와 비교하는 자체가 우스운 일이다.

하나님은 유일하게 하나님의 형상대로 인간을 창조하시고, 탁월한 능력을 주시며, 하나님의 창조세계를 잘 지키며 섬기라고 말씀하셨다. 인간은 다른 동물과 구별되는 직립 보행을 하거나 불과 도구를 다룰 줄 아는 높은 지성이나 언어 능력만 가진 것이 아니다. 인간은 창조주 하나님과의 인격적 관계 속에 살 수 있는 유일한 존재이다.

그렇다면, 우리는 어디로 가는가? 우리는 하나님 나라의 완성, 즉 종말을 향해 가고 있다. 하나님이 오래 참으시는 가운데 조금이라도 더 많은 영혼이 하나님께로 돌아오기를 기다리신다. 그러나 결정적인 때가 차면 예수님이 재림하심으로 이 세상은 종말을 맞을 것이다. 하라리는 인간이 '호모 데우스'가 되어 노화와 죽음까지 정복하는 존재가 되어갈 것이라고 했다. 그렇지 않다. 인간 개인은 반드시 죽음을 맞이한다.

> 한 번 죽는 것은 사람에게 정해진 것이요 그 후에는 심판이 있으리니 히 9:27

더군다나 하라리는 앞서 언급했듯이 '하나님'을 인간이 만들어 낸 '허구'로 보았다.

종교는 돈과 제국 다음으로 강력하게 인류를 통일시키는 매개체다. 모든 사회 질서와 위계는 상상의 산물이기 때문에 모두 취약하게 마련이다. 사회가 크면 클수록 더욱 그렇다. 종교가 역사에서 맡은 핵심적 역할은 늘 이처럼 취약한 구조에 초월적 정당성을 부여하는 데 있었다.[13]

유발 하라리에게 종교는 제국과 화폐의 등장과 함께 인류가 단합할 수 있게끔 만든, 인류가 상상력으로 빚어놓은 허구이다.

보편적이고 선교적인 종교는 기원전 1000년에 와서야 비로소 등장하기 시작했다. 이들의 출현은 역사상 가장 중요한 혁명의 하나였고, 보편적 제국과 보편적 화폐의 등장과 매우 비슷하게 인류의 통일에 크게 기여했다.[14]

하라리는 뒤이은 책 《호모 데우스》에서 노골적으로 인간이 종교를 만들었다고 했다.

종교를 창조한 것은 신이 아니라 인간이고, 종교를 규정하는 것은 신이 있고 없고의 여부가 아니라 사회적 기능이다.[15]

'하나님'은 인간이 만든 허구적 상상이라고? 그렇다면 하나님을 믿는 우리 성도들은 웃긴 광대놀이를 하고 있는 것인가? 이를 반박하기 위해 수많은 성경 구절들과 성도들의 간증과 기독교 변증학을 장황하게 열거해야 할까? 이 매력적이고(?) 발랄하고 천재적인 무신론자, 반(反)신론자를 우리 그리스도인들은 어떻게 받아들여야 할까?

그가 말한 우리의 현재(《21세기를 위한 21가지 제언》)와 미래(《호모 데우스》)에 대한 사항은 부분적으로 공감이 가는 부분이 많다. 그러나 인류의 근원과 과거를 말하는 《사피엔스》는 환타지 소설이다. 인간을 단지 유전자의 로봇라고 하는 주장하는 리처드 도킨스의 《이기적 유전자》와 더불어 깊이 분별해야 하는 책이다.

달나라에서 서울을 향해 조약돌을 던질 때 0.1도의 오차만 있어도 그 돌은 서울이 아니라 지구 밖으로 떨어지게 된다. 아무리 멋진 말을 한다 해도 유발 하라리는 존재 파악의 첫 시작부터 잘못되었다. 이 잘못된 논리는 가면 갈수록 오류가 더욱 커질 것이다.

진실은 이것이다. 인간은 하나님의 형상대로 지음을 받은 존재로 처음부터 인간이고, 원숭이는 처음부터 원숭이였다는 것.

알버트 카뮈 | **시지프 신화**

결코 영원히
돌을 굴리지 않는다

"인생이란 공평하지 않다. 이 사실에 익숙해져라."Life is not fair; get used to it.

컴퓨터의 황제 빌 게이츠가 미국 캘리포니아 주에 있는 마운틴 휘트니 고등학교를 방문했을 때 했던 연설의 한 부분이다.[16]

참 야속한 말이다. 학생들에게는 "꿈을 가져라!", "노력하면 안 되는 일이 없다"라는 말들이 어울릴 텐데, 빌 게이츠는 냉혹한 현실을 말했다. 그런데 이 말은 두 가지 면에서 좋다. 첫째는 불공평하고 부조리한 현실을 도외시한 채 그저 "인생은 아름답고"라고 하는 사탕발림의 말보다는 백배 좋다. 둘째는 이른바 성공한 사람이 이런 반성이 섞인 말을 해주어서 좋다.

영화 속 악당은 총에 맞거나 그 악행이 낱낱이 드러나게 되지만, 현실에서는 아무렇지도 않은 듯 천연덕스럽게 살아간다. 성실하고 착한 사람이 고난을 받고, 악한 사람이 성공하는 경우가 많다. 인류의 역사는 그렇게 꼬인 채로 시작되었다.

꼬인 채로 시작된 인류의 역사

창세기에는 악한 형 가인이 의인인 동생 아벨을 죽인 인류 최초의 살인 사건이 나온다. 아벨이라는 이름의 뜻이 덧없음, 허무, 부조리이다. "헛되고 헛되도다"라는 말이 반복되는 전도서의 주제어인 '헛됨'이 히브리어로 '헤벨'인데, '아벨'과 동일한 단어이다. 아들의 죽음 앞에서 부모인 아담과 하와는 얼마나 삶의 헛됨과 부조리를 느꼈을까.

하나님은 공평하시지만 사람은 공평하지 않다. 하나님을 떠난 타락 이후로 우리가 사는 세상은 허무와 부조리와 모순으로 가득하다. 사람들의 죄성은 아름다운 하나님의 나라를 부조리하게 만들었다. 부조리를 없애기 위해 또 하나의 부조리를 범하고, 부조리를 또 다른 부조리로 바꾸어 놓는다.

우리는 부조리 속에 살아간다. 그래서 어떤 사람들은 바로 이런 부조리 때문에 신의 존재를 받아들일 수 없다고 주장하기도 한다. 하나님이 살아 계시면 이런 부조리한 세상을 그냥 놔둘 수 있냐는 논리이다. 인생에서 참된 의미를 찾으며 성실하게 살아가려는 의지를 좌절시키는 모든 비합리성이 부조리에 포함

된다. 부조리는 부정부패나 불법행위와 다르기 때문에 법에 호소할 수도 없다는 데 더욱 문제가 있다.

'부조리'(不條理)란 말의 사전적 정의는, '이치나 조리에 맞지 않는 일'이다. 그러나 부조리를 인용하는 학자에 따라서 해석이 다르다. 철학에서는 '삶의 의미를 발견할 수 없는 절망적인 한계상황'을 뜻한다. 이는 합리주의 철학의 한계 속에서 등장한 실존주의 철학에서 중요한 의미를 지닌 용어가 되었다.

카뮈는 '부조리'라는 개념을 철학적으로 의미화 했다. 카뮈는 의미와 행복을 갈망하는 인간에게 침묵으로 일관하는 실존의 세계를 놓고 부조리라 했다. 쉽게 말해, 세계의 비합리와 인간의 의미에로의 열망이 만날 때 부조리가 생긴다는 것이다.

> 인간은 비합리와 마주하게 된다. 그는 자신 속에서 행복과 합리에의 욕구를 느낀다. 부조리는 인간의 호소와 세계의 비합리적 침묵의 대면에서 생겨난다.[17]

카뮈에 따르면 인간은 부조리와 함께 살아간다. 그 어떤 인간도 삶의 부조리에서 벗어날 수 없다. 왜냐하면 부조리가 인간 실존의 근원적인 조건이기 때문이다. 부조리한 사회, 부조리한 인간, 부조리한 정치, 부조리한 행정 등, '부조리'는 지금도 흔하게 오르내리는 말이다.

행복한 시지프스

그리스 신화 중에 〈시지프스의 신화〉가 있다. 시지프스(Sisyphus)는 고대 그리스 신화의 인물로 코린토스 시를 건설한 왕이었다. 그리스 신화 속에서 인간 가운데 가장 교활하고 영리한 인물로, 신들까지도 그에게 속아 넘어갈 정도였다. 제우스가 죽음의 신을 보내도 그를 속여 가둬버렸고, 어쩔 수 없이 저승에 갔을 때는 저승의 신이었던 하데스를 속여 다시 지상으로 올라와 장수를 누렸다.

이렇게 신을 속이고 농락한 시지프스에게 제우스가 내린 최고의 형벌이 있다. 그것은 큰 바윗돌을 산꼭대기에 올리게 하고, 올린 바윗돌을 다시 떨어뜨린다. 그리고 그것을 다시 올리면 다시 떨어뜨리고 다시 올리는 일을 무한 반복하게 한 것이다.

인간을 가장 힘들게 하는 것은 '고된 일'이 아니라 '의미 없는 일'이다. 제우스는 죄를 범한 시지프스를 죽이지 않았다. 대신에 무의미한 일을 무한 반복하는, 죽음보다 더 큰 형벌을 주었다.

그런데 카뮈는 그의 명저 《시지프 신화》에서 이 신화에 대한 다른 해석을 내놓는다. 이 무의미한 일, 부조리한 일에 굴하지 않고, 언제 끝날지도 모르는 이 일을 오늘도 해내고 있는 시지프스를 '행복한 시지프스'로 그린 것이다.

> 산정(山頂)을 향한 투쟁 그 자체가 한 인간의 마음을 가득 채우기에 충분하다. 행복한 시지프를 마음에 그려 보지 않으면 안 된다.[18]

카뮈는 부조리한 현실, 절망과 허무에 굴복하지 않고 바위를 산정으로 밀어올리는 시지프스가 부릅뜬 큰 눈으로 운명을 응시하는 인간의 존엄성을 드러내고 있다고 보았다.

경련하는 얼굴, 바위에 밀착한 뺨, 진흙에 덮인 돌덩어리를 떠받치는 어깨와 그것을 고여 버티는 한쪽 다리, 돌을 되받아 안은 팔 끝, 흙투성이가 된 두 손에 온통 인간적인 확실성이 보인다. … (중략) … 시지프는 돌이 순식간에 저 아래 세계로 굴러 떨어지는 것을 바라본다. 그 아래로부터 정상을 향해 이제 다시 돌을 밀어올려야 하는 것이다. 그는 또다시 들판으로 내려간다. … (중략) … 그가 꼭대기를 떠나 신의 소굴을 향하여 조금씩 더 깊숙이 내려가는 순간 시지프는 자신의 운명보다 더 우월하다. 그는 그의 바위보다 강하다.[19]

카뮈는 어째서 이 부조리한 일을 거듭하고 있는 시지프스를 행복한 영웅으로 그렸을까? 부조리를 의식하게 된 인간을 가리켜 '부조리한 인간'이라고 한다. 부조리를 의식하는 인간은 두 가지 사실에 직면한다. 첫째, 이 세상은 의미가 없다는 것을 깨닫는다. 둘째, 의미가 없는 세상이지만 동시에 살아야 할 이유를 찾아야 하는 딜레마를 안고 산다. 이렇듯 부조리를 의식하는 인간은 이러한 '부조리의 긴장'을 안고서 살아간다.

그렇다면 부조리 속에서 어떻게 무의미를 딛고 살아갈 것인가? 여기에는 크게 두 가지 방법이 있다. 첫째, 의미가 없다고 사는 것을 포기하는 것이다. 둘째, 의미가 없다는 것을 모른 척 자기를 기만하고 살아간다.

카뮈는 둘 다 올바른 길이 아니라고 한다. 그는 부조리한 현실을 끌어안고 '반항'하며 용감하게 그것과 맞대결하는 것만이 부조리를 극복할 수 있다고 말한다. 즉, 우리에게 부조리, 즉 이런 의미 없는 삶에 대해 '반항'하며 버티라고 제안한다.

> 부조리는 오직 우리가 그것을 주시하던 눈길을 딴 데로 돌릴 때 죽어버리는 것이다. 따라서 유일하게 일관성 있는 철학적 태도는 곧 반항이다.[20]

'반항'이라는 말은 소설가 이외수가 만들어 사용하는 '존버'(존나 버티다)라는 단어와 같은 맥락이다. 부조리를 벗어나지 않은 채 부조리 속에서 버티는 것, 그것이 반항이다. 이러한 반항은 인간과 그 자신의 어둠과의 끊임없는 대결이다. 반항은 우리 삶을 깔아 누르려는 운명에 대한 복종 또는 체념을 거부하는 것으로, 인간이 자신에게 끊임없이 현존하고 있다는 점을 드러내는 것이라고 한다. 이 반항이 삶에 가치를 부여하고 삶의 위대함을 회복한다는 것이다.

시지프스는 산 정상으로 돌을 굴려 올라가면 다시 굴러 떨어질 것을 알고도 여전히 정상으로 돌을 굴린다. 누가 이기나 한 번 해보자는 배포이다. 카뮈는 이것이 바로 반항이며, 이 반항이 바로 부조리의 극복이라고 한다.

그리하여 그는 데카르트의 명언을 패러디하여 이렇게 말했다. "나는 반항한다. 고로 나는 존재한다."

산정으로 밀어올린 바윗돌이 언제나 처음 출발했던 곳으로 되돌아오는 무의미한 행위를 반복하고 있지만, 언젠가는 자신의 손을 떠난 바윗돌이 산꼭대기에 우뚝 멈추게 될 날이 오리라는 희망을 버리지 않은 채 '그날'을 기다리는 시지프스! 이는 《고도를 기다리며》에서 오지 않는 '고도'를 기다리는 행위를 반복하는 블라디미르와 에스트라 공의 기다림과도 마찬가지의 맥락이다.

카뮈는 그러면서 부조리한 세계에서의 삶의 의미란, "주어진 모든 것을 남김없이 소진하겠다는 열정 이외에는 아무것도 아니다"라고 했다. 부조리 앞에서 '열정'을 가지고 '반항'할 때 '자유'가 임한다는 것이다. 이러한 열정, 반항, 자유는 카뮈의 세계를 지탱하고 있는 세 개의 축이다.

결론적으로 카뮈는 부조리를 회피하지 않고 끝까지 돌을 굴리며 부조리한 사막에서 버티기를 하는 것(=반항)이 승리의 길이라고 한다.

고통스러운 땅의 신음

《시지프 신화》의 첫 문구는 자살 이야기로 시작한다. 즉, 부조리한 세상 속에서 삶을 포기할 것인가에 대한 질문이다.

"참으로 진지한 철학적 문제는 오직 하나뿐이다. 그것은 바로 자살이다. 인생은 살 가치가 있는지 없는지를 판단하는 것이야말로 철학의 근본적인 문제인 것이다."[21]

그런데 마지막 문장은 이렇다.

"행복한 시지프를 마음속에 그려 보지 않으면 안 된다."

'반항'이 그렇게 바꾸어놓은 것이다.

쉽게 설명하면 이렇다. 제우스는 죽음보다 더 큰 형벌로 시지프스를 파멸시키려 했다. 그리하여 제우스가 시지프스에게 준 형벌은 무의미한 삶이었다. 그러나 그는 자살로써 회피하거나 기권하지 않고 그 부조리한 운명에 '반항'하며 돌을 굴림으로, 다시금 자신이 삶의 주인이 되면서 제우스의 의도를 이겼다는 것이다.

"너는 나를 죽음보다 더 큰 형벌로 나를 몰락시키려 했지만, 나는 포기하지 않고 돌을 굴리는 반항으로 너의 의도를 부수었다."

시지프는 제우스의 의도를 부수고 자신의 운명을 신이 개입할 수 없는 유일한 우주로 만든다. 그래서 행복한 시지프스가 된다.

카뮈의 묘비에는 《시지프 신화》에서 따온 "산정(山頂)을 향한 투쟁 그 자체가 한 인간의 마음을 가득 채우기에 충분하다"라는 말이 새겨져 있다. 참 멋진 말이다.

하지만 깊은 의문이 생긴다. 과연 몇 사람이나 이 무의미한

돌 굴리기를 버티며 끝까지 반항할 수 있을까? 아니, 그런 반항을 하며 행복을 느낄 수가 있을까? 카뮈는 오늘도 반항하며 돌 굴리기를 하라고 한다. 사무엘 베케트는 오늘도 오지 않는 '고도'를 기다리라고 한다. 하지만 영원히 돌 굴리기만 한다면, 영원히 고도가 오지 않는다면 얼마나 허무한 일인가.

이 부족한 종은 졸작 《인문학을 하나님께》에서 인문학을 가리켜 '땅의 신음'이라고 했다. 부조리와 모순을 느낀, 본질을 알고 싶지만 본질을 알 수 없어 고통스럽게 신음하는 소리가 인문학이다. '부조리의 아버지'라 불리는 카뮈의 주장처럼 부조리를 안고 그저 치열하게 버티면서 저항하는 것이 부조리의 극복일까? 나는 분명 '신음'으로 보인다. 애처롭다. 분명 이 세상에는 부당하게 고통을 당하는 사람이 있다. 특히 어린아이들이 부당하게 고통당하는 것은 그 어떤 논리로도 설명하기가 어렵다.

하나님이 주시는 결말이 있다

이러한 삶의 부조리를 철저하게 느꼈던 인물이 있다. 구약성경에 나오는 욥이다. 욥은 완벽한 의인은 아니지만, 그가 당한 고통만큼 그렇게 큰 죄를 범한 사람은 아니다. 욥은 의인이었고, 큰 부자였다. 그러나 하루아침에 모든 재산을 잃어버리고 사랑하는 열 자녀까지 잃었다. 몸에는 악창이 생겨 발바닥부터 정수리까지 가득했다.

이것을 본 욥의 아내는 하나님을 욕하고 죽으라고 하며 가슴 아픈 소리를 했다. 그리고 그의 고통을 위로하기 위해 찾아온 세 친구도 위로는커녕 범죄했기 때문에 벌을 받는 것이라며 뻔한 말, 전형적인 말을 한다. 회개하라면서 속을 뒤집어놓는다.

이런 가운데 욥은 하나님을 욕하고 죽을 수도 없고, 그렇다고 없는 죄를 만들어서 회개할 수도 없었다. 그러나 더 큰 고통은 그의 고난이 아무 의미가 없다는 것이다. 고난이 아무리 심하더라도 고난의 의미를 발견한다면 어느 정도 견딜 수가 있다. 그러나 욥은 자신이 당한 고난이 무슨 의미인지, 무슨 이유인지 알지 못한 채 그저 당하고만 있었다. 이 가운데서 제일 괴로운 것은 그토록 하나님께 부르짖는 데도 하나님이 침묵하고 계시다는 사실이다. 그토록 애처롭게 부르짖는데 말이다. 도무지 해석할 수가 없었을 것이다. 이런 부조리가 어디 있는가?

욥은 부조리한 고난을 받으며 참 오랫동안 돌을 굴렸고, 오랫동안 고도를 기다렸다. 그러나 영원히 돌을 굴리지 않았고, 영원히 고도를 기다리지 않았다. 어느 결정적인 순간, 하나님이 나타나셨다. 이 점이 카뮈와 사무엘 베케트의 주장에서 명확하게 다른 점이다.

> 그때에 여호와께서 폭풍우 가운데에서 욥에게 말씀하여 이르시되
> 욥 38:1

마침내 하나님이 나타나셨다! 참 눈물 나는 구절이다. 깊은 고난을 당해 본 사람이 이 구절을 읽고 울지 않을 사람이 어디 있을까? 나 또한 깊은 고난을 경험했고, 하나님의 긴 침묵을 경험했다. 그리고 이 구절을 읽으며 "아멘, 믿습니다!"라고 수없이 외치며 울었다. 그리고 마침내 나타나신 하나님을 경험했다.

하나님이 나타나셨다! 욥 앞에 나타나신 하나님은 욥의 모든 것을 회복시켜주셨다. 그러나 욥은 끝까지 고난의 원인을 알지 못했다. 그가 끝에 발견한 것은 자신의 모든 실존을 넘어서는 하나님의 오묘하고 신비한 세계가 있다는 것이다. 그리고 무엇보다도 하나님은 욥의 실존적 문제에 대해 답을 해주셔도 하나님이고, 답해주시지 않아도 하나님이라는 사실, 즉 '하나님의 자유'를 발견하게 된다.

하나님은 야고보서를 통해 욥의 생애에 있어서 핵심 사항을 간략히 기록하셨다.

> 보라 인내하는 자를 우리가 복되다 하나니 너희가 욥의 인내를 들었고 주께서 주신 결말을 보았거니와 주는 가장 자비하시고 긍휼히 여기시는 이시니라 약 5:11

욥의 인내, 그리고 주께서 주신 결말! 하나님은 욥이 이 지독한 부조리 가운데서도 인내한 것을 눈물겹게 기뻐하셨다. 참을 인(忍) 자는 칼날을 심장에 꽂고 있다는 뜻이다. 그만큼 고통스럽다. 그러나 그 고통 가운데서도 욥은 인내했다.

하나님이 말씀하시는 '인내'는 '사노라면 언젠가는 좋은 날도 오겠지' 하면서 무작정 막연히 버티는 것이 아니다. 인내는 하나님을 믿고 참는 것이다. 그럼에도 불구하고 하나님을 믿는 것이 인내이다. 그리고 마침내 그 인내의 끝에는 '주께서 주신 결말'이 있다.

성도는 영원히 부조리의 돌을 굴리지 않는다! 부조리한 세상 속에서도 하나님은 분명 살아 계시고 섭리하신다. 그리고 모든 부조리함의 결산을 준비하고 계신다.

그러므로 내 사랑하는 형제들아 견실하며 흔들리지 말고 항상 주의 일에 더욱 힘쓰는 자들이 되라 이는 너희 수고가 주 안에서 헛되지 않은 줄 앎이라 고전 15:58

한나 아렌트 | **예루살렘의 아이히만**

악의 평범성,
생각 없음이 유죄(有罪)다

히틀러 치하의 나치에 의해서 학살된 유대인은 600여 만 명에 이른다. 말이 600만 명이지 인간의 탈을 쓰고 어떻게 이런 일을 저지를 수 있을까? 이런 의문과 관련되어 자주 언급되는 인물이 바로 아돌프 아이히만(Adolf Eichmann)이다. 그는 나치 친위대의 중령으로 유대인 학살에 큰 책임이 있는 전범(戰犯)이다. 그는 독일이 패망할 때 아르헨티나로 피신했다. 그곳에서 약 15년 동안 숨어 있다가, 이스라엘 정보기관 모사드에 의해 극적으로 체포되었고, 이스라엘로 압송되어서 교수형에 처해지게 된다.

미국의 정치 철학가 한나 아렌트는, 〈뉴요커〉라는 잡지의 특파원 자격으로 이 재판 과정을 취재한 후 《예루살렘의 아이히만》이라는 책을 저술한다. 이 책에서 그녀는 '악의 평범성'(the banality of evil)이라는 중요한 주제를 제시한다.

악의 평범성

　방탄유리로 된 상자 안에서 재판을 받는 아이히만을 지켜본 아렌트는 "그 사람은 전혀 악해 보이지 않았다"면서, 자신이 받은 충격을 전했다. 아렌트가 본 아이히만은 인간의 탈을 쓴 악마나 비정상적인 살인마가 아니었다. 그는 주어진 일을 성실하게 수행하고, 상부의 명령에 복종한, 평범한 군인이었다.

　법정에 증인으로 나선 아우슈비츠의 생존자 예이엘 디무르는, 아이히만을 보고 기절하고 말았다. 재판관이 물었다.

　"지옥 같은 과거의 악몽이 되살아났습니까?"

　디무르는 고개를 저었다. 그리고 탄식하며 이렇게 말했다.

　"아이히만이 저렇게 평범한 사람이라니. 저렇게 평범한 사람이 그 많은 사람들을 가스실로 집어넣다니…."

　디무르는 훗날 미국의 CBS 방송에 출연해 그때의 감정을 이렇게 설명했다.

　"그 순간 나는 두려워지기 시작했습니다. 나도 그 사람과 같이 잔인한 일을 저지를 수 있는 존재라는 것을 깨달았기 때문입니다."

　디무르는 자신도 아이히만이 될 수 있다는 사실에 충격을 받은 것이다.

한나 아렌트는 타고난 악마성을 가진 사람만이 악을 행하는 것이 아니라, 어느 누구나 아이히만과 같은 존재가 될 수 있다고 했다. 이것이 '악의 평범성'이다. 아이히만이 아르헨티나에 숨어 있을 때 아무도 그가 악당인 줄을 몰랐고, 오히려 선량한(?) 이웃집 아저씨 같았다고 한다.

아이히만은 재판 과정에서 철학자 칸트의 정언명법(定言命法)까지 인용하면서 줄곧 "나는 지시에 따랐을 뿐이다"라고 했다. 오히려 "월급을 받으면서 일을 제대로 하지 못하면 양심의 가책을 느꼈을 것이다"라고 진술했다. 만일 상부의 명령이 없이 자발적으로 그 일을 했다면 처벌받아 마땅하지만, 그저 명령에 따랐을 뿐이어서 죄책이 없다고 했다. 이전의 재판에서 대부분의 나치 전범들이 자신의 죄를 인정하고 선처를 호소했던 것과는 달리, 아이히만은 자신이 무죄라고 주장했다.

"저는 지시에 따랐을 뿐입니다. 그 지시를 충실히 이행하는 것이 저의 임무였습니다."

그렇다면 그는 무죄일까? 한나 아렌트는 아니라고 한다. 600만 명이 죽었다. 아이히만은 나치가 지시한 일만 숙지했지, 그 집단의 의도가 무엇을 향하고 있는지 관심이 없었다. 죽어간 사람들의 고통과 슬픔에 공감하지 않는 '생각 없음'(thoughtlessness)이 악을 낳았고, 이러한 '생각 없음'이 유죄(有罪)라고 했다. 한나 아렌트의 말을 직접 들어보자.

그는 어리석지 않았다. 그로 하여금 그 시대의 엄청난 범죄자들 가운데 한 사람이 되게 한 것은 (결코 어리석음과 동일한 것이 아닌) 순전한 무사유(sheer thoughtlessness)였다.[22]

즉 비판적 사고, 반성적 사고, 공감적 사고가 없는 사유가 죄가 되었다는 것이다. 사유란 단순한 생각함이 아니라 타자의 입장에서 생각하고 공감하는 능력이다. 이러한 사유는 의무이다. 이 의무를 지키지 않을 때, 우리는 누구나 아이히만이 될 수 있다.

좀 더 깊이 생각해보자. 나치는 유대인을 제거하기 위해 '언어규칙'을 바꿨다. 유대인의 '강제 이송'은 '재정착'으로, 유대인 학살은 '최종 해결책'이라 불렸다. 더군다나 당시 아우슈비츠 수용소를 비롯한 강제 수용소 입구에는 말도 안 되는 간판을 걸어 놓았다.

"아르바이트 마흐트 프라이."Arbeit macht Frei, 노동이 자유케 하리라

독일의 문헌학자인 로렌츠 디펜바흐(Lorenz Diefenbach)의 소설에서 비롯된 이 문구는 이후로 독일 사회에서 속담과 같은 경구가 되었다. 나치는 이 멋진(?) 말을 수용소 간판에 새겨 놓고 실제로는 일을 통해 유대인을 몰살시키려 했다. 아렌트는 나치가 말을 바꿈으로 얻은 효과에 대해 이렇게 말했다.

말은 우리를 현실과 연결시켜준다. 나치스가 언어규칙을 만든 이

유는 암호화된 언어를 사용함으로써 사람들의 현실에 대한 감각을 마비시키기 위한 것이었다.[23]

현실에 대한 마비, 이웃에 대한 마비, 양심에 대한 마비…. 나치는 사람들을 이렇게 마비시켜갔다. 그 가운데 아이히만은 전형적으로 마비가 되어 '생각 없음' 속에 악을 저지른 것이다.

아렌트는 고도의 지식을 가진 이들에게서도 이러한 반성적 사유의 부재를 볼 수 있으며, 그 사유의 부재야말로 현대사회에서 다양한 악을 일으키거나 가담하게 하는 핵심 요소가 되고 있다고 결론 내린다.

결국 아이히만은 사형에 처해진다. 당시에도 사형제도를 반대하는 운동이 전 세계적으로 일어나고 있는 상황이었으나, 아렌트는 사형 선고에 침묵을 지켰다.

조세희 씨가 쓴 《난장이가 쏘아올린 작은 공》 중에 이런 구절이 나온다.

폭력이란 무엇인가? 총탄이나 주먹만이 폭력이 아니다. 우리의 도시 한 귀퉁이에서 젖먹이 아이들이 굶주리는 것을 내버려두는 것도 폭력이다. … (중략) … 햄릿을 읽고 모차르트의 음악을 들으면서 눈물을 흘리는 (교육받은) 사람들이 이웃집에서 받고 있는 인간적 절망에 대해 눈물짓는 능력은 마비 당하고, 또 상실 당한 것은 아닐까?[24]

햄릿을 읽고 모차르트의 음악을 들으면서는 눈물을 흘리지만 바로 옆 이웃의 아픔을 보고서는 냉랭한 사람이라면, 그 눈물은 어떻게 해석해야 할까. "햄릿과 모차르트에게 내 눈물을 다 주었기에 너에게 줄 눈물이 없다"라고 말한다면 얼마나 황망할까. 신약성경에 '고르반'이라는 말이 나온다.

> 너희는 이르되 사람이 아버지에게나 어머니에게나 말하기를 내가 드려 유익하게 할 것이 고르반 곧 하나님께 드림이 되었다고 하기만 하면 그만이라 하고 막 7:11

고르반이란 '하나님께 드린 예물' 또는 '하나님께 드림'이란 뜻으로서 히브리어 '코르반'을 음역한 것이다. 이는 하나님을 향한 아름다운 헌신이다. 그런데 이것의 본질을 왜곡해 "하나님께 드려야 하기에 부모님께 드릴 것이 없다"라고 하는 책임 회피와 외식을 주님이 지적하신 것이다. 햄릿과 모차르트를 향해 나의 눈물을 다 주었기에 당신을 향해서는 줄 눈물이 없다고 한다면 이는 신형 고르반이다.

다시 기억해보자. '악의 평범성!' 우리도 충분히 아이히만이 될 수 있었다. 아니, 더 악한 사람도 될 수 있었다. 그런데 하나님이 우리를 은혜로 덮어주고 지켜주셨다. '하나님의 은혜' 말고 더 적절한 말이 없다. 우리도 이웃에 대한 긍휼의 마음과 반성의 사유가 없었는데, 주께서 회개의 영을 주셔서 사랑과 섬김의 삶을 살 수 있었다. 주님의 은혜가 아이히만이 될 수 있었던 우리를 살렸다.

그러나 내가 나 된 것은 하나님의 은혜로 된 것이니 고전 15:10a

움베르토 에코 | **장미의 이름**

웃어라 장미야

각국의 언어에 통달한 언어의 천재. 기호학자, 철학자, 역사학자이며 미학자인 움베르토 에코는 레오나르도 다빈치 이래 최고의 르네상스적 인물로 알려져 있다.

그의 첫 번째 장편소설 《장미의 이름》은 아리스토텔레스의 논리학, 토마스 아퀴나스의 신학, 프랜시스 베이컨의 경험주의 철학과 자신의 기호학 이론을 유감없이 발휘한 대작이다. 소설이지만 중세철학과 중세신학의 핵심들이 들어 있고, 텍스트의 문제, 상호텍스트성의 문제, 기호와 의미의 문제, 보편과 개체, 실재와 이름, 지식과 권력 등 현대의 상황에도 적합한 논의가 수없이 나타난다.

하나님이 인생에게 주신 것

《장미의 이름》은 중세 시대가 저물고 르네상스가 시작될 무렵, 이탈리아 북부에 있던 베네딕토 수도원에서 일어난 살인사건 속에서 진행된다.

수도원에서 수도사들이 의문의 시체로 계속 발견된다. 그러자 수도사들은 '요한계시록에 나오는 일곱 나팔의 예언이 시작된 것이 아닌가' 하는 불안감에 사로잡힌다. 주인공 윌리엄 수도사는 조수 아드소를 데리고 범인을 찾아 나선다. 사건들을 조사해나가는 과정에서 수도사들끼리의 동성애, 수도사와 수도원 바깥 여자의 불륜, 교만과 탐심으로 가득 찬 원장, 마녀사냥 등 인간의 악들을 접하게 된다.

윌리엄은 흔적 읽기, 암호 풀이, 미로 찾기 등을 통해 마침내 사건의 중심인 밀실을 찾아내고, 그곳에서 눈 먼 늙은 수도사 호르헤를 보게 된다. 호르헤는 40여 년 동안 수도사들이 이단(異端)으로 금지된 책에 접근하지 못하도록 막아온 사람이었다. 의문사한 수도사들은 모두 금서였던 아리스토텔레스의《시학》제2권을 몰래 보다가 독살 당했다.

윌리엄이 마침내 이 사실을 밝혀내자 호르헤는 독약이 묻은 아리스토텔레스의 책을 씹어 먹으며 등잔을 넘어뜨리고, 수도원은 급기야 불길에 휩싸이게 된다.

호르헤는 인간의 '웃음'이 하나님의 신성한 진리를 조롱하고 왜곡하며, 경건함과 진지함을 무너뜨리고, 결국은 인간을 천박하게 전락시키는 마귀의 술책이라고 단정했다. 그리하여 당시에 한 권밖에 없던 아리스토텔레스의 불후의 저서, 《시학》(Poetics) 제2편 '희극에 대하여'를 은밀한 방에 숨겨놓았다. 그리고는 책에 독약을 묻혀 놓고, 책에 손을 대는 사람들을 독살시켜 온 것이다.

당시 유럽에서 아리스토텔레스의 명성과 권위는 절대적이었는데, 그의 공개되지 않은 저술의 유일한 필사본을 가지고 있다는 것은 출세의 열쇠가 될 수 있었다. 아직 구텐베르크가 인쇄기를 발명하기 전이기에 하나의 책이 보존되기 위해선 직접 손으로 책을 베껴 써야 했으므로 한 권의 책은 그 값이 상당했다. 또한 귀한 책들을 많이 소유하고 있다는 것이 수도원의 명예를 드높이는 것이기도 했다. 이 책을 구입한 호르헤는 세속적인 자부심과 욕망을 떨쳐버리지 못한 채, 불온한 내용의 책이라고 생각하면서도 간직하고 있었으며, 다른 사람은 손대지 못하도록 만든 것이다.

아리스토텔레스의 《시학》은 인류 최초의 예술이론서이며 총 두 권으로 되어 있다. 제1권은 비극을, 제2권은 희극을 다루었다. 《시학》 서두에 보면 비극과 희극을 논하겠다고 했는데, 실제 남아 있는 책은 제1권 비극에 관한 부분뿐이다. 제2권 희극에 관한 부분은 현존하지 않는다. 그러나 《장미의 이름》에서는 소설적 상상력으로 희극 부분이 존재하고 호르헤가 그걸 입수했다고 허구적 구성을 펼친다.

그렇다면 호르헤가 주장하듯이 웃음과 유머는 하나님의 진리를 왜곡하고 조롱하는 마귀의 계략일까? 그렇지 않다. 오히려 정반대이다. 하나님이 우리 인간에게만 주신 놀라운 선물 중 하나가 바로 웃음이다.

하나님은 천지만물을 창조하시고 "보시기에 참 좋았다"라고 말씀하셨다. 이 말씀 속에 하나님의 흐뭇한 미소와 웃음이 그려지지 않는가? 하나님은 심각하고 장중한 가운데 역사를 시작하신 것이 아니라, 기쁨과 웃음 속에서 당신의 역사를 시작하셨다.

하나님은 나이 많아 수태를 못하는 아브라함과 사라에게 아들을 약속하신다. 그러자 이들은 허탈하게 웃는다. 그러자 하나님은 아들의 이름까지 '이삭'이라고 지어주셨다.

> 하나님이 이르시되 아니라 네 아내 사라가 네게 아들을 낳으리니 너는 그 이름을 이삭이라 하라 내가 그와 내 언약을 세우리니 그의 후손에게 영원한 언약이 되리라 창 17:19

'이삭'은 '웃음'이라는 뜻이다. 그리고 실제로 아들을 얻게 하신다. 아브라함과 사라의 허탈한 웃음이 진짜 웃음이 되게 하신 것이다. 허탈한 웃음과 진짜 웃음, 그리고 아들의 이름이 '웃음'이라니! 얼마나 유머러스하신 하나님이신가? 이스라엘의 역사는, 이런 불경스러운 표현을 써도 될는지 모르겠지만, 하나님의 농담(divine joke), 하나님의 유머로 시작되었다.

예수님이 예루살렘으로 입성하시는 장면을 보라. 로마 황제의 권력을 상징하는 빌라도는 군대를 거느리고 건장한 말을 타고 입성한다. 그런데 예수님은 말도 아닌 조그만 나귀 새끼를 하나 빌려서 그 위에 옷을 깔고 타고 입성하셨다. 그리고 예수님이 지나가는 길에는 종려나무 가지를 꺾어서 깔았을 뿐이다. 이 모습 그 자체가 하나의 희극이다. 또한 하나님의 아들이 초라한 구유에서 태어나셨다는 자체가 권력자의 입장에서 보면, 우스꽝스러운 일이다.

예수님은 하나님 나라를 혼인잔치에 비유하셨다(마 22장, 눅 14장). 혼인잔치의 주인이신 하나님은 분명 웃으시고 기뻐하시는 모습일 것이다. 또한 예수님은 잃었던 양을 되찾은 후 잔치를 벌이는 이야기를 해주셨고, 돌아온 탕자에게도 잔치를 베풀어주셨다. 하나님의 나라는 이렇듯 축제이다. 웃음이며 기쁨이다.

반면, 마귀가 싫어하는 것 중의 하나가 유머이다. 마귀는 유머가 없다. 미소도 없고 쓴웃음과 냉소만 있을 뿐이다. 마귀는 어둡다. 마가복음 5장에 나오는 거라사의 광인이 무덤 사이에 거처했듯이 마귀는 칙칙한 이미지이다. 마귀는 우리가 기뻐할 때 가장 고통스러워한다. 왜냐하면 성령의 열매 중 하나가 '기쁨'이기 때문이다.

얼굴과 낙하산은 펴져야 산다

하나님은 당신의 자녀들에게 하늘의 기쁨과 여유와 쉼과 여백을 주시기를 원하신다.

오직 성령의 열매는 사랑과 희락과 화평과 오래 참음과 자비와 양선과 충성과 온유와 절제니 이 같은 것을 금지할 법이 없느니라
갈 5:22,23

그렇다. 희락, 즉 기쁨은 성령의 열매이다. 하늘은 '하하하하' 하고 늘 웃기 때문에 '하'늘이다. 그러므로 십계명을 못 외우는 크리스천은 용서할 수 있어도, 유머 없는 크리스천은 용서할 수 없다. 어느 성도님은 하나님을 웃겨 드렸더니 문제가 풀렸다고 한다. 하나님도 유머를 좋아하시나 보다.

지구와 달과의 거리는 38만 4천 킬로미터이다. 한 사람이 큰 소리로 웃을 때, 그 웃음소리는 100미터까지 전달된다고 한다. 따라서 384만 명이 동시에 큰 소리로 웃으면, 그 소리는 달까지 전달될 것이다. 그리고 어머니의 얼굴 같은 보름달이 뜨면 그 소리는 메아리가 되어 다시 이 땅으로 되돌아올 것이며, 그러면 이 땅은 더욱 행복해질 것이다.

웃음은 건강의 비타민이고, 관계의 윤활유이며, 얼굴의 꽃이다. 한바탕 웃음은 에어로빅 5분과 맞먹는다. 《탈무드》에는 "미소 짓는 법을 배우지 못했다면 가게 문을 열지 마라"라는 말

이 나온다. 웃음이 대인관계의 문을 여는 열쇠라는 말이다. 웃음은 두 사람 사이의 가장 가까운 거리이다.

그렇기 때문에 교회에서 사랑하는 사람들끼리 만나면 '웃음꽃'이 피어나야 한다. 성도의 웃음은 세속적인 웃음과는 본질적으로 다른 천국의 소망을 가진 웃음이다. 그러니 더욱 진할 수밖에 없다. 그래서 사도 바울은 옥중에서도, "항상 기뻐하라", "다시 말하노니 기뻐하라"라고 말했던 것이다.

사람이 꽃 모양이 될 때가 있다. 미소 지으며 웃을 때이다. 멋진 웃음으로 호감 지수와 품격이 높아진다. 이런 묘비명이 있다고 한다.

"여기 오기 전에 웃어라!"

얼굴과 낙하산은 펴져야 산다. 항상 기뻐하고, 미소와 웃음이 가득하기를 기도해야 한다. 왜냐하면 이 웃음이 바로 우리를 향한 하나님의 뜻이기 때문이다.

항상 기뻐하라 쉬지 말고 기도하라 범사에 감사하라 이것이 그리스도 예수 안에서 너희를 향하신 하나님의 뜻이니라 살전 5:16-18

성도들은 '복음'을 전한다. '복음'이 무슨 뜻인가? '기쁜 소식'이라는 말이다.

주의 성령이 내게 임하셨으니 이는 가난한 자에게 복음을 전하게 하시려고 내게 기름을 부으시고 나를 보내사 포로 된 자에게 자유를, 눈 먼 자에게 다시 보게 함을 전파하며 눌린 자를 자유롭게 하고 주의 은혜의 해를 전파하게 하려 하심이라 하였더라 눅 4:18,19

이 '기쁜 소식'을 전하는 자의 마음은 얼마나 기쁜가. 하나님의 나라에는 '웃음'이 피어난다. 웃음꽃이 만발한 꽃나라이다.

영원한 나라에서의 웃음을 기다리며

한 가지 더 살펴보자. 제목이 왜 《장미의 이름》일까? 이 책의 마지막 부분에 이런 글귀가 있다.

"Stat rosa pristina nomina nuda tenemus." 지난날의 장미는 이제 그 이름뿐, 우리에게 남은 것은 그 덧없는 이름뿐.

움베르토 에코는 책이 출판된 뒤에 이 제목에 대해 수많은 질문을 받았다고 한다. 그의 대답을 들어 보자.

독자들로부터 이 책의 말미에 실린 6보격(步格) 시구의 의미는 무엇이고, 이것이 어째서 책의 제목이 되었느냐는 질문을 받았다. 그래서 대답하거니와, 우리에게서 사라지는 것들은 그 이름을 뒤로 남긴다. 이름은, 언어가 이 세상에 존재하지 않는 것은 물론이고 존재하다가 존재하기를 그만둔 것까지도 드러낼 수 있음을 보여준다. 나는 이 대답과 더불어, 이 이름이 지니는 상징적 의미에 대한 해석을 독자의 숙제로 남기고자 한다.

아마도 모든 이론과 새로운 사상, 언어의 교묘함과 같은 것은 한때 화려하게 피었다가 잠시 후면 스러지고 마는 장미처럼 덧없는 것임을 암시하는 듯하다. 세상의 것은 모두 덧없을지라도 하나님의 사랑과 진리만은 영원하다. 덧없는 이 세상에서 예수님 때문에 웃었던 기쁨의 삶이 영원한 장미로 피어난다.
웃어라 장미야!

해롤드 쿠쉬너 | 왜 착한 사람에게 나쁜 일이 일어날까

해가 없어진 것이 아니라 잠시 일식(日蝕) 중이다

모든 문제는 단 한 가지 물음에서 출발한다. 왜 바르게 사는 사람에게 나쁜 일이 일어나는가? 다른 모든 신학적 대화들은 지적 유희에 불과하다.[25]

"바늘 끝 위에는 몇 명의 천사가 춤을 출 수 있을까?"
"아담과 하와에게는 배꼽이 있었을까?"
이런 질문들도 나름대로(?) 의미가 있는 질문일 것이다. 그러면 이런 질문은 어떤가?
"왜 착한 사람에게 나쁜 일이 일어나는가?"
어른들이야 지은 죄가 많기 때문이라고 하더라도 순진무구한 어린아이들이 왜 질병으로, 전쟁과 가난으로 죽어가야 하는가?

이런 질문 앞에서 서두의 질문들은 그저 장난 같은 질문처럼 느껴진다.

사람이 결정적으로 변할 때가 있다. 큰 고난을 만났을 때이다. 이때 존재에 진동이 온다. 대부분의 사람들은 큰 고난을 만나면 세 가지를 깊이 생각한다.

첫째, 하나님은 살아 계신가?

둘째, 하나님은 나를 사랑하시는가?

셋째, 하나님은 전능하신가?

여기, 처절하게 고난에 대해 물었던 사람이 있다. 랍비인 해롤드 쿠쉬너(Rabbi Harold Kushner)이다. 그가 저술한 《왜 착한 사람에게 나쁜 일이 일어날까?》는 신학적으로 많은 논란이 되는 책이다.

쿠쉬너는 '하나님의 전능성'에 대해 의심했다. 그의 의심은 어린 아들이 프로게리아 병이라는 진단을 받았을 때 시작되었다. 아들은 성장하지 못하고 마치 아주 나이가 많은 사람처럼 오그라들기 시작했다. 머리가 벗겨지고 피부는 가죽처럼 변하여 주름이 잡혔다. 치아도 빠져나가기 시작하면서 노인의 몸이 되었다.

그의 아들은 결국 열네 살에 죽고 만다. 쿠쉬너는 아들의 병이 고통스럽게 진행되는 동안에도 여전히 랍비로 봉사했다. 그는 미망인과 홀아비들, 병원의 환자들, 고통받는 자녀를 가진 다른 부모들에게 하나님을 납득시켜야 했다. 이것은 아들의 죽음만큼이나 고통스러웠다. 쿠쉬너가 발견한 답은 하나님은 선하지만 전능하지는 않다는 것이다. 이렇게라도 말해야 마음이 편했다. 그의 말을 들어 보자.

> 우리가 만약 하느님에게도 불가능한 것이 있다고 믿기 시작하면 그 순간부터 많은 좋은 일들이 가능해진다.[26]

> 나는 더 이상 병이나 사고나 자연재해를 두고 하느님에게 책임을 돌리지 않는데 그것은 그런 일로 하느님을 비난할 때 얻는 것은 너무 적고 잃는 것은 너무 많다는 점을 깨달았기 때문이다. 나는 어떤 숭고한 이유에서이든 아이들을 고통받게 하고 죽게 하는 하느님을 경배하기보다는, 고난을 미워하지만 그것을 없애지는 못하는 하느님을 훨씬 마음 편하게 경배할 수 있다.[27]

사랑의 하나님이 인간의 이 지독한 고난을 그저 지켜보고만 있을 뿐이라는 것보다 차라리 그 고난을 해결할 능력이 없다고 믿는 것이 더 편하다는 것이다. 그는 큰 고난을 받은 욥에게 깊이 공감했다. 그러면서 '하나님은 왜 모든 고통을 끝내지 않으시는가?'에 대해, 그것을 '하실 수 없기 때문'이라고 답한다.

그는 욥기의 후반부인 40장 9-14절까지를 잘못 해석한다. 이 구절이 하나님이 문제를 해결할 수 없는 분임을 나타낸다고 본 것이다.

네가 하나님처럼 능력이 있느냐 하나님처럼 천둥소리를 내겠느냐 너는 위엄과 존귀로 단장하며 영광과 영화를 입을지니라 너의 넘치는 노를 비우고 교만한 자를 발견하여 모두 낮추되 모든 교만한 자를 발견하여 낮아지게 하며 악인을 그들의 처소에서 짓밟을지니라 그들을 함께 진토에 묻고 그들의 얼굴을 싸서 은밀한 곳에 둘지니라 그리하면 네 오른손이 너를 구원할 수 있다고 내가 인정하리라 욥 40:9-14

원래 이 구절은 하나님과 인간(욥) 사이의 질적인 차이를 나타내는 구절로, '하나님이 섭리하시는 일들을 네가 할 수 있겠느냐?' 하는 의미이다. 그러나 쿠쉬너는 이렇게 해석했다.

나는 이 구절을 이렇게 이해한다. '만약 네가 이 세상을 바르고 진실 되게 만들고, 사람들에게 불공평한 일이 일어나지 않게 하는 일이 쉬운 일이라고 생각한다면 네가 한 번 해봐라.' 하느님은 의로운 사람들이 평화롭고 행복하게 살아가기를 원하지만 가끔씩은 그도 어쩔 수 없을 때가 있다는 것이다. 심지어는 하느님도 잔인한 사건과 혼란이 무고한 피해자를 덮치는 것을 막아내기는 무척 어렵다는 것이다.[28]

쿠쉬너는 이 구절을 "나는 안 되니 할 수 있으면 네가 해봐라!" 식으로 해석했다. 하나님이 고통을 끝낼 수 있을 만큼 강하시지는 않다는 것이다. 그의 심정은 이해하지만 말도 안 되는 해석이다.

쿠쉬너는 여기서 한 가지를 더 유추한다. 그는 병이나 불행은 하나님이 인간을 벌하기 위한 도구가 아니며, 하나님의 위대한 계획의 일부도 아니라고 생각했다. 그렇다면 쿠쉬너는 악이 어디서부터 온다고 생각했던 걸까? 그에 의하면 악은 '자연의 임의성'과 '운명'으로부터 비롯된다고 했다.

> 수천의 인명을 아무 이유 없이 앗아가는 것이 하느님의 행위라고는 믿을 수 없다. 그것은 자연의 행위이다. 자연은 도덕적으로 장님이며 가치판단을 하지 않는다. 그것은 스스로의 법칙에 따라 휘젓고 돌아다닐 뿐, 누가, 무엇이 그 앞에 있는지 상관하지 않는다.[29]

쿠쉬너의 이런 가정은 영지주의적인 자세이다. 영지주의자들은 '하나님이 이 땅을 정당하게 다스리는가?' 하는 신정론적 도전을 받을 때, 고통은 열등한 신인 데미우르고스로부터 온 것이라고 했다. 쿠쉬너가 말한 '자연의 임의성', '운명' 등은 이름만 다를 뿐 실제로는 데미우르고스와 위험할 만큼 흡사하다. 이런 주장은 옳지 않다.

고난은 신비이다. 수학 공식처럼 똑 부러지게 말할 수 없는 부분이 많다. 그러나 그렇다고 해서 하나님이 안 계시다거나,

무능하시거나, 사랑이 없으시다는 결론은 옳지 않다. 분명 깊고 깊은 고난의 순간에 하나님이 침묵하시는 듯한 경험을 많이 한다. 이럴 때 숨 막히는 고통을 경험한다.

신(神)의 일식(日蝕)

신명기에는 하나님이 당신의 얼굴을 사람 뒤에 숨기신다는 구절이 나온다.

> 그가 말씀하시기를 내가 내 얼굴을 그들에게서 숨겨 그들의 종말이 어떠함을 보리니 그들은 심히 패역한 세대요 진실이 없는 자녀임이로다 신 32:20

하나님이 얼굴을 숨기시는 사태! 하나님만을 믿고 의지하며 살아온 사람들에게는 이처럼 참담한 경험이 없을 것이다.

이런 사태를 설명하는 신학, 철학의 여러 용어들이 있다. 가장 많이 쓰는 신학적 용어로 '신의 부재(不在)'라는 말이 있다. 니체는 더 극단적으로 《짜라투스트라는 이렇게 말했다》에서 '신의 죽음'이라고 했다. 사르트르도 이런 말을 했다.

"신은 죽었다. 신은 우리에게 말을 걸었으나 이제는 침묵을 지킨다. 우리가 이제 접하는 것은 신의 시체이다."

조금 더 부드럽게 독일의 시인 휠덜린은 '신의 결핍'이라고 했다. 하나님이 이 세상에서 완전히 부재한 것은 아니지만 무언가 부족한, 결핍된 그런 상태라는 것이다.

독일의 철학자 하이데거는 이보다 좀 더 해석의 뜰을 넓혀서 '하나님은 이중적으로 결핍'되었다고 한다. 거듭거듭 부족하다는 것이다. 기존의 신은 사라져버렸기 때문에 부재하고, 새로운 신은 아직 오지 않았기 때문에 부재한 시대라는 것이다.

그런데 유대인 신학자 마르틴 부버는 하나님이 안 계신 듯한 이러한 상황을 가리켜 '신의 일식'이라고 했다. 일식은 지구와 태양 사이에 달이 자리 잡음으로써 일시적으로 태양 빛을 차단하는 현상을 가리키는 말이다. 참 성경적이며 기막힌 통찰력이다. 하나님에 대한 참 통쾌한 변호이다.

일식이 태양과 지구 사이에 달이 개입하여 빛의 부분을 차단하듯이, 하나님과 인간 사이에도 어떤 개입물이 있어서 하나님의 모습을 보이지 않게 만드는 상황을 '신의 일식'이라고 했다. 즉 하나님과 인간 사이에 뭔가가 끼어들어 하나님의 현존을 느낄 수 없는 상태를 가리킨다.

부버는 좀 더 전문적인 표현으로, 하나님과 인간 사이에 직접성, 실재성, 대화성이 결여된 현대의 상황을 '신의 일식' 혹은 '숨은 신'(The Eclipse of God)이라고 표현했다. 이것은 하나님이 죽었다는 의미가 아니다. 다만 하나님의 빛이 차단되었다는 것이다. 이러한 숨은 신의 결과로, 인간과 하나님의 사이 뿐만 아니라, 인간과 인간, 인간과 사물 사이까지도 단절되었다고 했다.

그러면서 부버는 '신은 죽었다'라는 서구의 무신론적 경향을 대표하는 철학자들을 비판했다. 부재가 아니라 일식이라는 것이다.

옳은 말이다. '부재'와 '일식'은 다르다. '부재'는 절망의 상태이고, '일식'은 희망이 있다. 일식으로 인해 태양이 보이지 않는다고 해서 태양이 죽은 것은 아니다. 마찬가지이다. 하나님과 인간 사이에 무언가가 끼어서 마치 하나님이 없어 보이는 세상 같지만, 여전히 하나님은 살아 계시다.

죄에 가로막힌 하나님의 빛

그렇다면 하나님과 우리 사이를 차단하는 장애물은 무엇일까? 바로 우리 인간의 '죄'이다. 인간의 죄악을 말미암아 하나님과의 대화가 결여된 상태가 '신의 일식'이다. 이렇듯 '신의 일식'에는 인간의 책임이 크다.

다시 강조하지만 일식은 태양과 인간 사이에 일어난 사건이지 태양 그 자체에 일어나는 현상은 아니다. 하나님은 지금도 암흑의 벽 뒤에 엄연히 존재하고 있다.

"주님 어디 계십니까?"

이런 기도를 드려보지 않은 성도가 있을까? 나도 하늘이 무너지는 듯한 고난 속에서 이런 처절한 기도를 드렸다. 그러나 분명히 믿는다. 하나님의 잠시 동안의 일식임을 믿는다. 그리고 결정적인 순간, 하나님이 나타나시고 말씀하심을 믿는다.

> 그때에 여호와께서 폭풍우 가운데에서 욥에게 말씀하여 이르시되
> 욥 38:1

북아메리카에 살았던 인디언 중 체로키 부족이 있다. 이 부족은 소년들에게 어릴 적부터 사냥하고, 정찰하고, 물고기 잡는 등의 기술을 가르쳤다. 그리고 성인이 되면 독특하고 강인한 성인식을 치르게 한다.

아버지는 아들을 멀리 떨어진 숲속 깊은 곳으로 데려간다. 그리고 아들의 눈을 가린 채 홀로 남겨둔다. 그날 밤에 소년은 혼자 밤을 꼬박 지새워야만 한다.

늘 가족과 부족의 울타리 속에서 살아온 소년은 눈이 가려진 채로 아침 햇살이 비출 때까지 어두운 숲속에서 온갖 공포와 싸워야 한다. 부시럭 소리만 나도 온 촉각이 곤두서고, 갖가지 부정적인 상상으로 소년의 밤은 깊기만 하다. 침이 마르고 온 영혼이 두려움과 싸운다.

마침내, 새벽 여명이 스며든다. 기나긴 두려움에서 벗어날 수 있는 시간이 되었다. 눈가리개를 벗었을 때 소년은 깜짝 놀랄만한 사실을 알게 된다. 저 근처에서 어렴풋한 사람의 모습이 보인다. 자세히 보니 아버지였다. 지난밤 내내 아버지는 아들을 떠나지 않고 창과 활을 메고 아들을 지키고 있었던 것이다.

아들의 밤은 곧 아버지의 밤이었다. 소년은 홀로 있었던 것이 아니었다. 아버지가 거기에 함께 있었던 것이다.

하나님은 깊고 깊은 밤중에도 여전히 우리와 함께하신다!

해가 없어진 것이 아니라, 잠시 일식(日蝕) 중일 뿐이다.

칼 야스퍼스 | **철학**

세상에 가득한
하나님의 암호를 풀어라

한계상황 속에서 무제약적으로 행동하면서 실존은 초월자의 여러 암호들 속에 스스로의 방향을 세우는 일을 경험한다.[30]

독일의 철학자 칼 야스퍼스는 법학과 의학까지 전공을 한 정신의학 의사였으나 건강이 악화되자 의사직을 포기하고 철학을 공부했다. 그는 1921년에 하이델베르크대학교의 철학과 교수가 되었고 유신론적 실존주의 철학의 권위자가 되었다.

그러나 나치 정권이 들어서자 위기가 닥쳤다. 그는 나치 정권에 영합하지 않는 소신 있는 동료 학자들을 변호했다. 또한 그의 아내가 유대인이었다. 나치는 야스퍼스에게 유대인 부인과 이혼하면 교수직을 계속 허용하겠지만, 그렇지 않으면 독일을 떠나라고 했다. 이에 야스퍼스는 교수직을 내려놓고 부인과 함께 스위스로 망명을 결심하는 실존적 결단을 내린다.

동료인 하이데거는 나치에 협력하여 프라이부르크 대학의 총장이 되었다. 나치 완장까지 팔에 둘렀다. 이 일을 계기로 해서 야스퍼스와 하이데거의 우정은 단절된다. 야스퍼스는 전쟁 후 독일과 세계인의 존경을 받았다. 자신의 말처럼 사는 사람, 자신의 철학처럼 산 철학자, 자신의 시처럼 사는 시인, 자신의 설교처럼 사는 목사는 아름답다.

초월자의 암호로 가득한 세상

야스퍼스의 방대한 철학 세계를 다 논할 수는 없지만, 가장 큰 핵심인 '암호'와 '한계상황'은 큰 울림을 준다.

먼저 '암호'에 대한 이야기이다. 야스퍼스는 이 세상이 초월자의 암호로 가득 차 있다고 했다. 그러면서 철학의 과제는(형이상학적 사유는) 초월자의 암호를 해독하는 작업이라고 했다. 다시 말해 초월자의 암호를 읽어낼 때, 현존재 인간은 신적 존재의 품에 안길 수 있고, 그때 인간은 가장 큰 내면의 충만함을 느낀다고 했다.

이 세상이 하나님의 암호로 가득하다는 말은 참 신비롭고 가슴 뛰게 한다. 시인 보들레르도 이런 말을 했다.

"이 세상 만물은 상형문자이고, 시인은 번역자이며 암호 해독자다."

참 멋진 말이다. 이 세상 만물은 초월자의 암호, 신앙적으로 말하면 이 세상 만물 속에는 하나님의 숨결이 스며있다. 하나님은 이 진리를 바울 사도를 통하여 이렇게 말씀하셨다.

> 이는 하나님을 알 만한 것이 그들 속에 보임이라 하나님께서 이를 그들에게 보이셨느니라 창세로부터 그의 보이지 아니하는 것들 곧 그의 영원하신 능력과 신성이 그가 만드신 만물에 분명히 보여 알려졌나니 그러므로 그들이 핑계하지 못할지니라 롬 1:19,20

찬송가의 가사처럼, 주 하나님이 지으신 모든 세계에 주님의 권능이 가득 차 있다. 정욕의 눈을 벗고 경이로운 눈을 회복하면 꼬불꼬불한 달팽이집과 개들의 꼬리, 토끼 주둥이를 보아도 하나님이 지으신 창조의 신비를 본다. 해가 지고 뜨고 바람이 부는 사소한 일도 그렇게 신기할 수가 없다. 이렇듯 작은 것에서 하나님의 암호를 풀고 감탄하며 감사할 줄 아는 사람이 시인이 아니겠는가.

영국의 시인 윌리엄 블레이크의 시 〈순수의 전조〉를 보면 이런 구절이 나온다.

> 한 알의 모래에서 세상을 보고
> 한 송이 들꽃에서 천국을 본다

그대의 손바닥에 무한을 쥐고
순간 속에서 영원을 보라

   이 시는 애플사의 창업자 스티브 잡스가 가장 좋아하며 영감을 얻었던 시다. 시인이 노래했듯이 어찌하여 한 알의 모래에 우주가 있고, 어찌하여 한 송이 들꽃에 천국이 있을까? 어찌하여 손바닥 안에 무한이 있고, 순간 속에 영원이 있을까? 이 모든 것에 하나님의 숨결, 하나님의 암호가 스며있기에 그러하다. 그리하여 쌀 한 톨에도 천근의 무게와 우주의 이야기가 있고, 한 송이 꽃 안에서 지구가 웃는다.
   야곱이 이 진리를 체험했다. 형 에서의 장자권 복을 가로챈 야곱은 도망자가 되었다. 어느 날 야곱이 들판에서 돌을 베게 삼아 잠을 자는데, 하나님이 나타나셔서 말씀하신다.
   "내가 너를 떠나지 아니하리라."
   죄를 지어 도망자 신세인 야곱에게 "네 죄를 네가 알렸다!" 하며 불호령을 내려야 할 하나님이 이렇게 따뜻한 말씀을 하신 것이다. 야곱은 잠에서 깨어 감동하며 이렇게 고백한다.
   "하나님이 여기에도 계시는구나!"(참조, 창 28:16)
   하나님은 도망자의 자리, 거친 들판의 자리에도 여전히 함께하신다. 얼마나 감사한 일인가! 하나님은 우리 삶의 영광과 환희의 자리뿐 아니라 모든 실패의 자리, 눈물의 자리에도 함께하신다. 우주 만물이 모두 하나님의 숨결이듯이, 우리 삶의 모든 과정이 하나님의 숨결이다.

온 천지에 가득한 하나님의 암호, 우리의 삶에 가득한 하나님의 암호, 하나님의 숨결을 느끼며 사는 사람은 진정 복이 있다.

궁하면 통한다

이제 이 세상에 가득한 하나님의 '암호'와 더불어 '한계상황'을 살펴보자. 야스퍼스에게 '상황'(Situation)은 핵심 개념 중 하나이다. 사람은 자신을 둘러싼 상황 속에서 생활하고 사유한다. 따라서 야스퍼스는 인간을 상황 내 존재(In der Situation Sein)라고 한다.

그가 말하는 '상황'에는 크게 두 가지가 있다. 첫째, 일상적으로 우리를 둘러싼 일반적 상황이다. 둘째, 우리가 어쩔 수 없는 한계상황(Grenzsituation)이다. 한계상황이란 우리 힘으로 어찌할 수 없는 낭떠러지 같은 것, '우리가 거기에 부딪쳐 난파하는(scheitem) 벽'과 같은 것이다. 야스퍼스에 의하면 대표적인 한계상황에는 죽음, 고통, 갈등, 죄책감 같은 것이다.

이러한 한계상황에 직면할 때 사람들은 존재의 기반을 잃고 방황할 수 있다. 그러나 정반대로 한계상황 속에서 초월자의 암호를 풀어 실존적 도약의 계기로 삼을 수도 있다. 후자가 중요하다. 야스퍼스는 한계상황 속에서 각성적 진단을 통해 초월자의 암호를 해독함으로써 인간 현존재가 초월자 앞에 설 때, 자신을 발견하고 행복이 절정에 달한다고 했다.

더 철학적으로 말해보자. 야스퍼스는 현존재(Dasein)와 실존(Existenz)을 구분했다. 현존재는 세계 속에서 만족하고 오직 그 세계의 유지 및 보존 확대에 관심을 걸고 있는 인간의 모습이다. 실존은 본래적 자기이다.

'나'라는 현존재는 이 세상의 조건에 매여 있다. 그러나 한계상황은 이 세상의 현실을 초월하는 실존으로서 진정한 나 자신에게 도달하도록 해준다. 한계상황은 실존의식이 태어나는 장소라는 것이다.

신앙적으로 쉽게 말하면, 한계상황은 하나님을 찾게 하고, 그리하여 참다운 나를 발견하는 계기가 된다는 것이다.

야스퍼스는 세계 대전이라는 암울함과 공허함 속에 실제로 한계상황을 경험했다. 죽음의 공포, 죽느냐 사느냐의 생존경쟁, 배고픔, 질병, 사랑하는 사람과 헤어져야 하는 고통, 지옥 같은 전쟁…. 자신이 선택하지 않았지만 피할 수가 없고, 어쩔 수 없이 그 속에서 살아갈 수밖에 없는 이러한 삶의 조건들을 한계상황의 예로 설명했다. 야스퍼스의 아름다움은 그가 바로 이런 한계상황을 겪었고, 그 한계상황을 절망의 이유보다는 희망의 계기로 보려 했다는 데 있다.

하이데거도 비슷한 말을 했다. 하이데거는 사람을 가리켜 죽음 앞에 선 존재라고 했다. 자신이 이렇게 죽음 앞에 선 존재라는 사실을 깨닫는 것을 '죽음으로의 선구(先驅)'라고 표현했다.

죽음을 진짜 생각해보는 것, 이러한 죽음으로의 선구는 새로운 지평을 열어준다. 죽음을 직시하기 전엔 결코 몰랐던 삶의 소중함이 비로소 보이기 때문이다. 죽음이라는 한계상황을 인식하면서 참다운 삶이 시작된다는 것이다.

옳은 말이다. 흔히들 좋은 삶이 좋은 죽음을 이끈다고 생각하지만, 실은 좋은 죽음이 좋은 삶을 이끈다. 인간은 영원을 사모하는 존재로 창조되었다(전 3:11). 따라서 죽음과 영원의 세계에 대한 확신이 없는 한 존재론적인 두려움과 불안 속에서 살아간다. 숙제를 하지 않은 학생은 축구가 아무리 즐거워도, 전반전만 즐거울 뿐이다. 후반전, 아니 종료가 가까울수록 불안하다.

웰 빙(well being)은 웰 다잉(well dying) 속에서 나온다. 카르페 디엠(현실을 즐겨라)은 메멘토 모리(죽음을 기억하라) 속에서 나온다. 죽음이라는 한계상황에 대한 깊은 사유는 지금 우리의 삶을 더욱 진지하고 가치 있게 이끈다.

'궁즉통'(窮則通)이라는 말이 있다. '궁하면 통한다', '닥치면 다 하게 된다'는 의미이다. 그러나 이것을 야스퍼스적으로 살짝 비켜 해석하면 하늘이 무너질 때, 즉 한계상황 속에서 진짜 통하는 것, 하나님을 발견한다는 것이다. 한계상황이 아닌 일상 상황에서 주로 발휘되는 것은 '잔머리'다. 그러나 한계상황은 모든 꾀와 잔머리를 불태우고 '진짜'를 만나게 한다.

세상을 뒤집는 아이디어도 절체절명의 위기 상황, 한계상황에 직면했을 때 나오는 경우가 많다. 믿음도 그러하다. 한계상황 속에서 믿음이 결정적으로 성장하고 새로운 창의력이 생긴다. 믿음의 사람들은 한계상황이 절망이 아니라 오히려 하나님의 역사를 체험하는 희망의 계기가 된다.

네가 누구냐?

다시 야곱의 이야기로 돌아가자. 야곱은 형 에서의 발꿈치를 잡고 태어났다고 해서 이름도 '야곱'이다. 형 에서는 힘이 장사이고, 아버지 이삭의 지지를 받았다. 이에 야곱은 형에게 사기를 친다. 팥죽 한 그릇으로 에서를 속이고, 어머니와 공모하여 아버지 이삭도 속이며 장자의 복을 가로챈다. 이렇듯 야곱은 뒤통수의 상징, 자기 꾀와 힘을 의지해 살아온 사람의 상징이다.

형 에서를 피해 도망쳐서 들판에서 벧엘의 하나님을 만나고도 야곱의 삶은 바뀌지 않았다. 외삼촌 라반의 집으로 도망 와서, 장인이 된 라반에게 속아서 14년 동안 데릴사위 노릇을 해야 했다. 품삯을 제대로 받지 못해 결국 자기 몫을 챙겨 야반도주했다.

어찌되었든 야곱은 자신의 힘으로 많은 것을 얻었다. 장자의 명분을 얻어냈다. 아내를 얻어냈다. 속았지만 사랑하는 여인을 끝까지 얻어냈다. 자녀들을 얻었고, 물질을 얻었다. 자신의 힘으로 안 되는 게 없었다.

그러던 야곱이 이제 한계상황 속으로 들어간다. 고향으로 돌아가 형 에서를 다시 만날 때가 다가온 것이다. 자기 형이 군사를 이끌고 자기에게로 온다는 소식이 들려온다. 두려웠던 야곱은 하나님께 간절히 기도했다.

> 내가 주께 간구하오니 내 형의 손에서, 에서의 손에서 나를 건져 내시옵소서 내가 그를 두려워함은 그가 와서 나와 내 처자들을 칠까 겁이 나기 때문이니이다 창 32:11

야곱은 기도한 후에도 야곱답게 인간적인 계략을 쓴다. 먼저 형에게 뇌물을 주는데 그 양이 엄청나다. 암염소, 수염소, 암양, 수양, 약대, 암소, 황소, 암나귀, 암나귀 새끼 등 엄청난 뇌물을 보낸다. 그리고 자신의 무리를 세 부류로 나누어서 첫 번째 부류는 종들의 무리, 두 번째 부류는 레아를 앞세운 무리, 세 번째는 라헬을 앞세운 무리, 그리고 자기는 맨 뒤에 남았다. 얼마나 불안한 모습인가? 그런데 이렇게 해도 형 에서의 마음을 얻을 수 없을 것 같았다. 다시 사기를 쳐도, 뇌물로도, 인지상정을 일으킬만한 작전으로도 에서가 넘어올 것 같지가 않았다.

이때 하나님은 야곱을 홀로 얍복강 가로 인도하신다. 그리고는 씨름을 걸어오신다. 야곱에게 절대적인 시간이 온 것이다.

이 씨름에서 야곱은 허벅지 관절이 부러지면서 절체절명의 위기를 맞는다. 앞에는 에서라는 큰 벽이 있고, 자신은 허벅지 관절마저 부러졌다. 낭떠러지에 몰린 셈이다. 이에 야곱은 "당신이 내게 축복하지 아니하면 가게 하지 아니하겠나이다!" 하면서 필사적으로 매달린다. 그때 야곱과 씨름하시던 하나님이 질문하신다.

그 사람이 그에게 이르되 네 이름이 무엇이냐 창 32:27a

참 기막힌 질문이다. 하나님이 야곱의 이름을 몰라서 물어보신 것인가? 그렇지 않다. 이름은 존재의 집이다. 하나님은 야곱에게 진짜 그의 모습이 무엇이냐고 물으신 것이다. 이 질문은 일전에 야곱의 아버지 이삭이 야곱에게 했던 질문과 같다.

야곱이 아버지에게 나아가서 내 아버지여 하고 부르니 이르되 내가 여기 있노라 내 아들아 네가 누구냐 창 27:18

"내 아들아, 네가 누구냐?"
그때 야곱은 자신을 에서라고 하며 이삭을 속여 장자의 복을 가로챘다. 야곱으로서의 복이 아니라 에서의 복을 받았다. 그날 이후 야곱은 자신의 삶이 아닌 에서의 가면 속에서 살았다. 하나님은 지금 "너는 야곱이냐? 에서냐?"라고 물으신 것이다. 아직도 에서의 장자권이 네 삶의 전부냐고 물으신 것이다. 이제 그만 에서의 가면을 벗으라는 것이다.
야곱은 대답한다.

"야곱이니이다!"

이 고백은 "저는 에서가 아니라 야곱입니다. 저는 사기꾼입니다. 저는 거짓말쟁이입니다"라는 말이다. 20년이 지나서야 자신에게 진실해지는 순간이었다.

"야곱이니이다"라는 대답을 들으신 하나님은 야곱을 이제 '이스라엘'이라 부르겠다고 말씀하신다(창 32:28). 이제 자신의 꾀가 아닌 하나님의 은혜 아래 살아가는 존재가 되라는 것이다. 하나님은 야곱의 자아를 찾아주셨고, 평생을 에서에게 갇혀 살던 삶에서 자유하게 해주셨다.

야곱은 어찌할 수 없는 한계상황에서 하나님의 음성을 들으면서(초월자의 암호를 풀면서) 에서의 가면(현존재)에서 벗어나 야곱 자신(실존)이 되었다.

'작다'라는 의미의 영어 단어 '스몰'(small)에는 '모든 것'을 뜻하는 '올'(all)이 들어 있다. 이 세상은 모두, 아무리 작은 존재라 할지라도 하나님의 '암호'로 가득하다. 꼭 한계상황 속에서만 이 암호를 풀어서 결정적으로 변하는 것은 아니다. 그러나 '한계상황'은 자신의 자아를 다 벗고 하나님을 만나는 귀한 자리가 될 수 있다. 깊고 깊은 고난 속에서 하나님의 은혜로 '절박'이 '대박'이 될 수 있다.

에리히 프롬 | **자유로부터의 도피**

새들은 하늘에서
물고기는 물속에서 자유하다

자유는 근대인에게 독립성과 합리성을 가져다주었지만, 또 한편으로는 개인을 고립시키고, 그로 말미암아 개인을 불안하고 무력한 존재로 만들었다. 이 고립은 참기 어려운 것이다. 개인이 고립에서 벗어나려면, 자유라는 무거운 부담을 피해, 다시 의존과 복종으로 돌아가거나, 아니면 인간의 독자성과 개인성에 바탕을 둔, 적극적인 자유를 완전히 실현하는 방향으로 나아가거나, 둘 중 하나를 택해야 한다.[31]

백만 번 불러 봐도 울림과 떨림이 있는 말, '자유!' 우리를 꿈꾸게 하고 날아오르게 하는 '자유'란 말은 세상의 그 어떤 언어로 말해도 깊고 푸르다.

날개가 있다고 모두 새가 아니다. 날아다녀야 새이다. 새장 안의 공작새가 아무리 수려한 날개를 펴도, 하늘을 나는 참새보다 초라하다. 수족관의 고래보다는 바다의 새우가 더 행복해 보인다. 동물원의 사자보다 산책길에 마주친 다람쥐가 더 반갑다. 자유를 보았기 때문이다.

온 만물은 자유를 원한다. 그런데 애써 얻은 이 자유를 반납하려는 역설이 있다.

거대한 자유의 짐

에리히 프롬은 1933년 히틀러가 집권하자, 미국으로 망명했다. 프롬이 보기에 인간의 역사는 자연의 지배, 절대주의 국가의 지배를 극복하고 자유를 확대해온 역사이다. 그런데 인간이 어째서, 더군다나 자유의 글을 쓴 괴테와 실러, 자유의 곡을 만든 바하와 베토벤을 배출한 나라가 어떻게 자유를 포기하고 히틀러 같은 광인(狂人)에게 열광했는지, 고통스럽게 분석했다.

그는 '자유의 양면성'을 발견한다. 즉, 인간은 자유를 갈망하는 동시에 자유로부터 도피하려는 경향을 가지고 있음을 알게 되었다.

이제 에리히 프롬의 《자유로부터의 도피》 속으로 들어가 보자. 그는 인류 역사의 특징을 이렇게 말한다.

인류 역사의 특징은 개체화와 자유가 점점 증대하는 과정이라고 말할 수 있다.[32]

실제로 인간은 르네상스 이후 인습과 신분적인 구속, 비합리적인 규범 등의 속박으로부터 자유로워졌다. 또한 과학의 발달로 인해 미신과 자연, 질병으로부터 자유로워졌으며, 자본주의의 발달로 경제적인 속박으로부터도 어느 정도 자유로워졌다. 또한 수많은 혁명과 협의 과정을 거쳐 정치적 자유도 확대되어 갔다.

이렇듯 인간은 자유를 확대해 왔으나, 자유에는 책임이 따르는 법이다. 인간은 모든 것을 자신의 이성에 의해서 결정하고 책임을 져야 하는 상황에 처하게 되었다. 자유란, 인간이 자기의 삶을 자발적으로 책임 있게 결단하는 행위이다. 자유는 자율적 행위, 의무, 책임, 결단 등과 뗄 수 없는 관계를 가지고 있다.

그러나 자유를 확대해 간 인간은 이렇듯 스스로 결단하며 책임지는 자유가 너무 버거워졌다. 더군다나 거대한 산업사회가 되어가면서 인간은 더욱 큰 고독과 무력감을 느끼게 되었다. 그리하여 히틀러 같은 비합리적인 권위에 자신을 복속시키고, 대신에 '안전'을 제공 받으려는 경향을 가지게 되었다는 것이다. 나치즘에 헌신하여 자신과 나치를 동일시하면서, 역설적인 편안함을 느꼈다는 것이다. 프롬은 이러한 경향을 가리켜서 '자유로부터의 도피'라고 했다.

쉽게 설명해보자. 자유를 열망하여 힘겹게 자유를 찾고 보니, 자유가 무거운 짐이 되었다. '자유가 주는 부담'이다. 자유에는 책임이 따르기 때문이다. 그래서 다시 무엇엔가 종속되어야 할 것을 찾고, 부담스러운 자유로부터 도피하고 싶어 한다. 이런 현상을 세계적인 정신의학자 스캇 펙은 이렇게 말했다.

> '나를 맡아주세요. 당신이 내 보스가 되어주세요!' 자기 행동에 대한 책임을 피하려고 할 때 우리는 항상 그 책임을 다른 사람이나 조직이나 존재에 떠넘기려고 한다. … (중략) … 책임이 주는 고통을 피하기 위해서 수백만, 수천만의 사람들이 매일 자유로부터의 도피를 시도한다.[33]

러시아의 철학자이자 종교 사상가인 니콜라스 베르쟈예프(Nicholas Berdyaev)도 같은 말을 했다.

> 인간은 평화와 행복을 위해 자신의 자유를 쉽게 포기한다. 인간은 자유라는 무거운 짐을 간신히 짊어지고 이 짐을 보다 강한 어깨에 옮겨 놓을 수 있는 기회를 엿본다.[34]

참 고통스러운 역설이다. 그러나 이렇게 얻은 안전과 평안은 노예의 평안일 뿐이다.

에리히 프롬은 인간의 역사를 자유가 확대되어 가는 역사라고 했지만, 인간의 역사는 사실 '자유'라는 이름으로 하나님으로부터 떨어져서 마음대로 살아가려는 역사이다. 이런 점에서 프롬의 '자유로부터의 도피'(Escape from Freedom)는 사실 '하나님으로부터의 도피'(Escape from God)이다.

아담과 하와가 하나님을 떠나 자신이 주인이 되려고 선악과를 먹으면서, 인간의 역사는 시작되었다. 그 후 이성주의, 합리주의에 기초한 인간 문명은 근대에 이어 현대에 이르기까지 계속 하나님으로부터 멀어지려고 했다. "하늘에 계신 하나님은 거기 계십시오. 우리는 이 땅의 주인이 되어 살겠습니다"라면서 살아왔다. 그 결과, 자유가 가득한 삶이 아니라 죄와 전쟁과 물질에 대한 탐욕에 붙잡힌 세상이 되었다. 하나님으로부터 벗어나는 자유를 추구한 인간은, 더 큰 굴레 속에 빠지게 되었다.

줄이 끊어지면 연은 추락한다

하나님으로부터 벗어나는 자유를 추구하지만, 진정한 자유를 얻는 길은 자신을 지으신 하나님의 품 안에 있을 때이다. 그러므로 '하나님으로 향하는 자유'(Freedom to God), 하나님께 돌아갈 때 참 자유가 있다.

별이 수많은 세월 동안 궤도를 벗어나지 않는 건 자유를 몰라서가 아니다. 하나님이 정해주신 자신의 궤도가 자유이기 때문이다. 새들은 하늘에서 자유롭다. 물고기들은 물속에서 자유롭다. 자유를 원한다면서 새가 물속으로 들어가고, 물고기가 물을 떠나 땅 위로 올라가면, 그것은 자유가 아니라 죽음이다. 기차는 레일 위를 달릴 때 자유롭다. 레일을 떠나면 탈선하여 넘어진다. 기차는 레일이 있기 때문에 더욱 빨리 안전하게 달리는 것이다. 푸른 창공을 높이 나는 연이 스스로 이렇게 생각할 수 있다.

"이 '연줄'만 없다면, 얼마나 자유롭게 하늘을 날 수 있을까?"

그러나 그렇지 않다. 연줄은 연에게 있어서 생명줄이요, 연을 날게 하는 원동력이다. 연줄이 끊어지게 되면, 더 멀리 날아가는 것이 아니라 추락해버린다. 이처럼 우리 인간도 우리를 지으신 하나님의 품속에 있을 때 자유롭다.

음식도 그릇 안에 담겨 있을 때 싱그럽다. 그릇 안에 있으면 뒤엉키고 섞인 비빔밥이라 할지라도 먹음직스럽다. 그러나 그릇 밖으로 튀어나온 밥알은 아무리 좋은 이천 쌀로 만들어졌다 할지라도 추접하다. 침은 입 안에 있을 때 유익하다. 침이 입 밖으로 나와 거리에 뱉어지면 추하기가 그지없다. 피 또한 마찬가지이다. 몸 안에 있을 때 생명의 흐름이 된다. 몸 밖으로 나오면 혐오스러운 흉물이 된다.

있어야 할 자리에 있는 것이 행복이요 자유다. 우리 인간이 있어야 할 자리, 그곳은 하나님의 품 안이다. 가지는 나무에 붙어 있을 때 자유로운 것이다.

나는 포도나무요 너희는 가지라 그가 내 안에, 내가 그 안에 거

하면 사람이 열매를 많이 맺나니 나를 떠나서는 너희가 아무 것도 할 수 없음이라 요 15:5

독일 국민이 주어진 자유가 부담스러워 히틀러에 속박 되어 갔듯이, 하나님을 떠난 인간은, 주어진 자유를 감당하지 못하고 물질과 죄악의 종이 되어 간다.

더군다나 현대인은 컴퓨터와 인공지능의 출현으로 생각하는 것 자체를 컴퓨터에 맡기게 되었다. '사색'은 하지 않고 '검색'을 한다. 혹여 사고한다고 해도 양적인 사고를 할 뿐, 질적 사고를 하지 않는다. 그래서 효율성이나 유용성이나 실용성만 강조하게 된다. 하나님은 우리를 생각하는 인간으로 만들었는데, 생각이 귀찮아져서 컴퓨터에게 맡긴다. 뿐만 아니라 현대인은 온갖 중독과 문화에 자신을 종으로 내어주며 자유를 누리지 못하고 있다. 현대인도 역시 자유로부터 도피하는 생활을 한다.

답은 하나뿐이다. 하나님께로 돌아가야 한다.

요한 하위징아 | **호모 루덴스**

잘 노는
하나님의 나라

우리는 놀이를 하면서, 어린아이처럼 진지함의 수준 아래에서 노닐 수 있다. 하지만 놀이를 통하여 아름다움과 신성함의 영역에 들어간다는 점에서 진지함의 수준을 훌쩍 뛰어넘기도 한다.[35]

영화감독 스티븐 스필버그가 조지 루카스와 영화 〈레이더스〉를 찍을 때의 일이다. 주인공 인디아나 존스가 트럭 아래로 떨어져 밧줄에 매달려서 끌려가는 장면을 찍고 있었는데, 스필버그가 갑자기 루카스를 바라보면서 이렇게 말했다고 한다.

"이렇게 재미있는 일을 하면서 돈까지 받는다는 사실이 믿어지나요?"

사람들은 거의 매순간 "뭐, 재미있고 신나는 일이 없을까?" 하며 일상과 일로부터의 탈출을 시도한다. 그런데 이렇게 노는 가운데 삶의 중압감과 무게를 벗게 되고, 자신 속에 있는 감추어진 능력을 발견하게 되며, 자신의 아름다움을 보게 된다.

"천재는 노력하는 사람을 이길 수 없고, 노력하는 사람은 즐기는 사람을 이길 수 없다"라는 말이 있다. 《논어》(論語) '옹야'(雍也)에도 이런 구절이 있다.

"아는 것은 좋아하는 것만 못하고, 좋아하는 것은 즐기는 것만 못하다." 子曰 知之者 不如好之者 好之者 不如樂之者. 자왈 지지자 불여호지자 호지자 불여낙지자

자신이 하는 일을 재미없어 하거나 못마땅하게 여기는 사람치고 성공한 사람을 찾아보기 힘들다. 실제로 자신의 일을 진정으로 즐길 수 있다면, 성과에 지대한 영향을 미친다. 일을 즐기는 사람이 능력이나 학식이 있는 사람보다 더 큰 성과를 창출해내고, 그 분야에서 최고의 자리를 얻게 된다. 즐겨야 재미가 있고, 재미가 있어야 자신을 뛰어넘을 수 있다.

놀이하는 존재로 창조된 인간

네덜란드의 문화 철학자 하위징아는 그의 저서 《호모 루덴스》에서 인간을 '놀이하는 인간'으로 규정하며, 문명의 기원을 '놀이'에서 찾았다. '루덴스'는 놀이를 의미하는 라틴어이다. 놀이란 우리 인간이 즐거움을 얻기 위해 하는 활동으로, 자유롭고

대가를 바라지 않고 하는 행위이다. 무엇보다도 누가 시켜서가 아니라 자발적으로 하는 행위이다. 재미있고 즐겁기 때문이다. 참다운 인간 행위는 자유에 기초한 것인데 놀이가 그러하다. 특히 예술은 인간 행위의 놀이적 특성을 가장 잘 보여준다.

하위징아는 이러한 '놀이'가 인간을 인간답게 해주는 특별한 행위라고 했다. 놀이는 단순히 문화의 한 요소가 아니라 법, 정치, 예술, 지식, 운동 경기, 전쟁 등 인간의 모든 영역에 놀이의 원리가 스며들어 있으며, 문화 자체가 놀이의 성격을 띠었다고 보았다. 종래에는 놀이가 문화 속에서 발생하는 것으로, 문화 쪽이 상위개념이라고 생각했다. 그러나 하위징아는 이러한 견해를 역전시켜서 문화는 놀이로부터 발생한다고 한 것이다.

쉽게 말해 이 세상은 죽도록 일해서 만들어진 것이 아니라, 놀이에 의해 만들어진 것이라는 의미다. 인류문화의 핵심을 놀이에서 발견한 그는 우리 삶의 행복과 의미 또한 놀이로부터 비롯된다고 주장한다.

그리하여 하위징아는 '생각하는 존재'인 '호모 사피엔스'나 '만드는 인간'인 '호모 파베르'보다 '놀이하는 인간' 즉 '호모 루덴스'가 자유와 창조성이 넘치는 인간의 본질을 더 잘 말해준다고 주장한다. 즉, 인간은 놀이를 통해 자유로운 상상력을 펼치며 비일상성, 탈일상성을 실천하는 유희적 존재라는 것이다.

인간은 놀이를 하면서 다른 만물들과 다른 존재로 살아가고, 놀이를 하면서 자유를 느끼고, 창조적인 문화를 만들었다. 결국, 인간의 문화는 놀이 속에서 발생하고 전개되어 왔다는 것이다. 기계는 쉬지 않는 것이 능력이고, 인간은 놀 줄 아는 것이 능력이다.

모처럼 큰 사냥감을 잡았다고 하자. 배불리 먹고는 축제를 벌인다. 춤추고 노래도 부르고 벽에 그림도 그리면서 흥겨운 놀이를 즐긴다. 내일 해가 뜨면 다시 먹고 사는 일로 골머리를 앓겠지만, 놀이의 순간만큼은 흥과 자유가 솟았던 것이다. 말하자면 인류는 놀이를 통해 비로소 한 단계 더 높은 생각을 하면서, 예술과 문화를 이룰 수 있게 되었다. 결국 '인간답다'라는 말은 '놀이를 할 줄 안다'라는 것이다. '놀이'는 인간의 인간다운 본질을 나타낸다.

나는 놈 위에 노는 놈 있다

뿐만 아니다. 놀이를 통해 창의력을 얻기도 한다. 일상을 벗어나 자발적으로 놀 때 보이는 것들이 있다. '놀다'라는 의미의 영어 단어는 '플레이'(play)이다. 그런데 '플레이'는 '논다'라는 의미만 있는 것이 아니다. '악기를 연주하다', '피아노를 연주하다'에도 플레이가 쓰인다. 창의적 예술 활동과 놀이가 이어져 있는 것이다.

김정운 교수는 《노는 만큼 성공한다》에서 "뛰는 놈 위에 나는 놈 있고, 나는 놈 위에 노는 놈 있다"라고 한다. 세계적인 경영컨

설턴트 오마에 겐이치의 《OFF학 잘 노는 사람이 성공한다》에서도 잘 노는 사람이 창의력이 넘친다는 것을 보여준다. 블록을 쌓고 해체하는 아이처럼, 모래성을 쌓고 부수는 아이처럼, 목적도 없고 규정도 없이 자유로운 무구의 상태에서 놀이의 반복은 새로움을 만드는 생성의 힘이다.

고수(高手)에 이를수록 자연스럽다. 어느 분야이건 고수를 보면 춤을 추는 듯이 일하고, 노는 것같이 유려하다. 자바(java)라는 소프트웨어를 개발했고, 마림바라는 회사를 운영한 킴 폴리제(Kim Polese)라는 여성이 있다. 당찬 얼굴빛과 자신감으로 많은 여성들의 표상이 되었다. 춤을 좋아한다고 하는 그녀에게 어느 기자가 성공 비결을 물었다. 그녀가 말했다.

"나는 일하는 동안 춤을 잊어본 적이 없습니다."

아마 똑같은 질문을 춤의 여제 이사도라 덩컨에게 던졌다면 "나는 춤추는 동안 일을 잊어본 적이 없습니다"라고 했을 것이다.

이런 사람들이 기존의 일 벌레와 다른 점이 있다. 일을 놀이처럼 생각한다는 점이다. 축제의 인간, 놀이와 일을 하나로 생각하는 인간, 종일토록 춤을 추듯 일하는 인간. 자신이 태어난 소명을 발견하고 그 일에 집중하면 춤추는 인생이 된다.

하나님은 에덴의 놀이터를 창조하시면서 하나님과, 인간, 자연과 더불어 신나게 어우러진 축제의 창세기를 펼치셨다. 시편에는 수없이 주의 자녀들이 주님의 전(殿)에서 즐거이 뛰노는 모습이 나온다. 이것이 이상적인 예배의 모습이다.

예수님의 첫 기적은 잔칫집에 바닥난 포도주를 채우시며 흥을 돋우는 것이었다. 예수님은 허물없이 이웃과 어울렸으며 걸쭉하고 해학이 넘치는 땅의 언어로 사람들의 마음을 시원케 했다. 바리새인은 그런 예수를 먹보요 포도주를 즐기는 사람이요 죄인들의 친구라고 비난할 정도였다(마 11:19; 막 2:15,16; 눅 7:34).

또한 예수님은 어린아이를 보시며 하나님의 나라가 이런 자의 것이라고 하셨다(막 10:14). 이 말씀의 여러 의미가 있지만, 그 의미 중 하나가 힘 빼고 놀이하는 인생을 살라는 것이다. 놀이는 목적 없이 행위 그 자체가 즐겁고 행복하다. 어린아이가 아빠 엄마를 보면 그저 좋아하듯이, 신앙생활은 하나님 안에서 기뻐하고 즐거워하는 삶 자체가 되어야 한다.

스가랴 선지자는 회복된 예루살렘, 새 예루살렘, 시온의 거리, 천국의 거리를 이렇게 그린다.

> 만군의 여호와가 이같이 말하노라 예루살렘 길거리에 늙은 남자들과 늙은 여자들이 다시 앉을 것이라 다 나이가 많으므로 저마다 손에 지팡이를 잡을 것이요 그 성읍 거리에 소년과 소녀들이 가득하여 거기에서 뛰놀리라 슥 8:4,5

이 구절을 쉽게 설명해보자.

"그 옛날 찬양과 평화가 넘쳐나던 전성기의 예루살렘처럼 다시 노인들이 평화롭게 거리에 앉아서 담소를 나눌 것이며, 젊은 남녀와 어린아이들이 거리에서 재미있게 뛰놀 것이다."

바로 이러한 내용이다. 노인들이 담소를 나누며, 아이들이 마음껏 뛰노는 거리! 신나는 놀이가 회복된 하나님 나라의 모습이다. 교회는 어떤 의미에서 하늘의 축제와 하늘의 놀이를 보여주는 곳이 되어야 한다. 예배는 하나님이 거룩한 놀이에 성도를 초청하는 것이다.

사냥터가 아닌 놀이터로 이끌라

하위징아는 안타깝게도 현대인들이 놀이의 정신을 잃어버렸다고 한다. 대신에 욕심에 가득 차서 '노동'에만 몰두하고 있다고 했다.

어른들이 아이들에게 가장 잘못 가르치는 것 중 하나가 있다. '놀이'를 '공부'의 반대말로 가르친다는 것이다. 어른들이 늘 자식에게 하는 말이 있다.

"놀지 마!"

아이들은 놀이 행위를 통해서 인생을 학습하고, 인격의 성숙과 친구와 사귀는 법을 배우고 있는데 말이다.

특히 우리 사회는 노는 걸 범죄시해왔다. 그러니 '놀이'와 '재미'를 논하면 한량 취급당했다. 놀이에 대한 편견은 그 파생어인 노리개, 놀음, 놀림, 놀보 같은 말에도 잘 드러난다. 건강하게 노는 문화가 빈약한 우리는 기껏해야 코가 비뚤어지게 술을 마시고 노래방 가서 넥타이를 이마에 둘러 묶고 막춤을 추는 경우가 많다.

교회 안에서도 그리스도인의 이상적 모습으로 훈련과 사역을 강조한다. 옳은 말이다. 그러나 하나 덧붙여야 한다. 하나님이 주신 삶을 즐겁게 살라는 것을 가르쳐야 한다. 부모는 자신의 자녀가 부모의 품 안에서 신나게 노는 모습을 볼 때 가장 즐겁다. 하나님도 마찬가지이다.

재독 한인 철학자인 한병철 교수는 현대 사회를 '피로사회'로 명명했다. 세계적인 사회학자 울리히 벡은 '위험사회'라고 하여 경종을 울렸다. 돈 벌어 성공하면 행복해진다는 경제적 인간, 즉 '호모 이코노미쿠스'로 살라는 최면 속에 빠져서 생긴 현상이다. 이런 억압은 갈수록 심해서 청년들은 스펙 쌓기 피로와 미래에 대한 불안에 속박당하고 있다.

이런 가운데 한국은 OECD 국가 중 가장 자살률이 높은 국가이다. 이 죽음의 늪에서 빠져 나올 수 있는 대안 중의 하나가 '놀이'의 회복이다. 이 땅에 그리스도의 문화가 임하도록 사명을 부여 받은 성도들은 건강한 놀이 문화를 만들어야 하는 책임이 있다. 타락한 놀이, 영혼을 갉아먹는 놀이가 아닌 건강한 그리스도의 놀이 말이다.

아이들에게 놀이터가 아닌 사냥터를 가르치는 우리가 부끄럽다. 내가 먹지 않으면 먹힌다고 하고, 발톱을 숨기고 있다가 결정적인 순간에 보이라 하고, 최고의 사냥총이 있어야 한다는 등. '놀이'를 잃은 어른들이 아이들에게 사냥터를 물려주는 것 같아 부끄럽다.

쉼표 없이, 심지어는 하나님께 예배하는 시간까지도 아까워하며 욕심을 향해 달려가는 우리에게, 주님은 하나님 안에 있는 놀이와 축제의 회복을 말씀하신다.

> 그 성읍 거리에 소년과 소녀들이 가득하여 거기에서 뛰놀리라
> 슥 8:5

우리가 주님 앞에서 결산을 받는 날, 주님은 우리에게 주님의 성품을 닮아가는 삶을 살았느냐고 물으실 것이다. 전도하고 선교하고 구제하는 삶을 살았느냐고도 물으실 것이다. 그리고 또 하나를 물으실 것이다.

"즐겁게 살았느냐? 소풍처럼 잘 놀고 왔느냐?"

마르틴 부버 | **나와 너**

스침이 아닌
만남을

  산은 산이고 물은 물이다. 그런데 산도 돈으로 보고 물도 돈으로 보고 살아 온 사람이 있다고 하자. 한 걸음 더 나가 사람도 사람으로 안 보고 돈으로 보았다 하자. 심지어는 하나님은 하나님이신데, 하나님마저도 돈으로 보았다. 이렇게 살아온 그가 많은 돈을 벌었다 하자. 그 사람은 과연 행복할까.

  이 사람은 '나'와 '그것'의 관계 속에서만 살았다. 자연과 더불어 살지 않았고, 사람과 더불어 살지 않았다. 무엇보다 하나님과 더불어 살지 않았고, 그저 돈하고만 산 것이다.

  세상이 날이 갈수록 이렇게 변해가고 있다. 이런 세상 속에 유대인 철학자 마르틴 부버는 명저 《나와 너》에서 "삶은 만남"이라며, 진정한 만남을 통한 인간의 회복을 말했다.

인간은 인간과 더불어 있을 때 인간이라고 하며 '사이 존재'로서의 인간을 말하고, 관계의 회복이 곧 인간의 회복임을 주장한 것이다. 즉 나는 너와의 관계 속에서 존재의 의미가 있고, 너는 나와의 관계 속에서 존재의 의미가 있다는 것이다.

다시 말해 우리의 존재는 '나' 속에도 아니고 '너' 속에서도 아니며, '나와 너' 사이에 있는 '와' 즉 '관계성' 속에서 찾아야 한다는 것이다.

김남조 시인의 말처럼 '네가 있음에 내가 있고, 내가 있음에 네가 있다'. 인간은 인간과 더불어 있을 때 인간이라는 선언이다. 부버의 말을 들어보자.

> 사람은 '나-너'의 관계를 맺음으로써 '너'와 더불어 '현실'에 참여한다. … (중략) … '나'는 '너'와 더불어 현실을 나누어 가짐으로 말미암아 비로소 현존적 존재가 된다. 그리고 그 나눔이 풍요하면 할수록 그만큼 더 '나'는 현존적 존재가 된다.[36]

부버뿐만이 아니다. 잘 알고 있듯이 아리스토텔레스도 인간은 '사회적인 존재'임을 파악했다. 하이데거도 인간은 '세계 내 존재'(Sein in der Welt)라고 하며, 인간은 세상과 더불어 관계를 맺으며 사는 존재라고 했다. '인간'(人間)이란 한자말을 보아도 그렇다. 글자 그대로 '사람과 사람의 사이'를 가리킴으로써, 사람은 '관계의 존재'임을 보여준다.

우리 시대의 좋은 시인 이성복 님의 아포리즘《네 고통은 나뭇잎 하나 푸르게 하지 못한다》중에도 이런 구절이 나온다.

'사이'라는 것. 나를 버리고 '사이'가 되는 것. 너 또한 '사이'가 된다면 나를 만나리라.[37]

시인은 나를 버리고 '사이'가 되어야 한다고 말한다. 바로 '관계' 속에 우리의 존재가 있다는 것이다. 서로를 구속하지 않겠다고 하며, 나 홀로의 삶을 예찬하는 사람도, 자신을 위해 모든 것을 드려 사랑해준 부모님을 부정할 수는 없다. 나는 누군가에게는 너무나 소중한 존재이다.

그러므로 왜 사는지는 '관계' 속에서 찾아가야 한다. 1인칭인 '내'가 3인칭인 '그'와 좋은 만남을 가질 때, '그대'라는 기적 같은 2인칭이 탄생한다. 그럼으로써 우리가 사는 이 세상은 '사물들의 세계'에서 '의미와 가치의 세계'로 변하게 되는 것이다.

부버는 이렇듯 현대문명 속에서의 정신적 위기 및 인간의 자기상실을 관계의 회복, 즉 〈만남〉의 철학으로 극복하고자 했다. 집단을 강조한 마르크스주의나 집단보다 개인을 우선시한 실존주의와는 다르게 '관계'를 인간의 본질로 본 것이다.

'너'가 존재해야 '내'가 존재한다

이제 '나와 너' 속으로, 그리고 《나와 너》 속으로 깊이 들어가 보자.

마르틴 부버는, 세상의 근간이 되는 근원어(ground word)는 낱개의 말이 아니고 짝말이라고 했다.

> '나' 그 자체라는 것은 존재하지 않는다. 존재하는 것이라고는 다만 근원어 '나-너'의 '나'이거나 근원어 '나-그것'의 '나'일 뿐이다. '나'라고 말할 때 사람은 '나-너'의 '나'이거나 '나-그것'의 '나'이거나 그 둘 중의 어느 하나가 되는 것이다.[38]

근원어 하나는 '나-너'라는 짝말이다. 또 하나의 근원어는 '나-그것'이라는 짝말이다. 즉 '나', 그 자체란 없으며 오직 근원어 '나-너'의 '나'와 근원어 '나-그것'의 '나'가 있을 뿐이다.

부버에게 있어서 인간이 '존재한다'는 말은 자기 이외의 어떤 대상과의 관계 속에서만 가능하다. 그러면서 사람은 두 가지 기본적인 관계 속에 산다고 했다. 하나는 '나와 그것'(I and It)의 관계이다. 다른 하나는 '나와 너'(I and You)의 관계이다. 이 둘 중에 자신이 어떤 관계를 형성하느냐에 따라 삶의 양상도 달라진다고 했다.

첫째, '나-그것'의 관계는 사물적인 관계로서 대상을 이용하는 비인격적 관계이다. 이해관계, 소유관계이다. 다른 사람들을 사물이나 풍경처럼 생각하며 자신을 위해 이용하려 드는 관계이다.

둘째, '나-너'의 관계는, 인격적 만남의 세계이다. 서로가 전 존재를 기울이는 대화적 관계이다. 부버는 모든 참된 삶은 만남(Begegnung)이라고 하면서, 이렇듯 '나-너'의 관계가 되는 것을 '만남'이라고 했다. '나-그것'의 비인격적 관계로부터 '나-너'의 인격적 관계로 변하는 것이 인간 회복이라는 것이다. 심지어는 '나-너'의 진정한 인격적 만남 속에 '영원자의 옷자락'을 보며, 더 나아가 '영원자 너(하나님)'에게 다다르는 길이라고까지 한다.

> 모든 관계의 연장선은 '영원자 너'에서 만난다. 모든 하나하나의 '너'는 '영원자 너'를 들여다보게 하는 창이라고나 할까. 이 하나하나의 '너'를 통하여 우리는 '영원자 너'에게 근원어를 건네는 것이다.[39]

이 선언은 우리에게 좋은 교훈을 준다. 분명 성령님의 역사로 신비한 체험을 하여 하나님과 더욱 가까이 만날 수 있다. 그러나 그런 신비한 현상만이 성령님의 역사가 아니다.

성령의 아홉 가지 열매를 보라. 사랑과 희락과 화평과 오래 참음과 자비와 양선과 충성과 온유와 절제!(갈 5:22,23) 이 성령의 열매들은 일상생활에서 행해야 하는 삶의 실천을 의미한다. 신앙이 신비화 되면 일상생활과 격리될 위험성이 있다. 부버는 진정한 만남을 강조하면서, 신앙생활은 일상생활에서 참된 만남을 통해 빛을 발해야 한다고 교훈을 던져준다.

그렇다. 신앙생활은 일상생활이고 일상생활은 나와 세계와 관계이다. 세상은 '나'의 태도에 따라 인격이 되거나 비인격이 된다. 인간이든 사물이든 대상을 비인격적으로 대할 때 바로 '그것'이 된다. 그러나 사람이든 사물이든 대상을 인격적으로 대할 때 그 대상은 '너'가 된다.

여기서 주의해야 할 점이 있다. 부버는 '나와 그것'은 허구이기 때문에 버리고, '나와 너'만 참이기 때문에 이것을 취하자고 주장하는 것이 아니다. 우리는 '그것' 없이는 살 수 없다.

> 우리는 '그것' 없이 살아갈 수는 없다. … (중략) … 그러나 만일 우리가 '그것'의 세계에서 세상을 마친다면 그것은 무(無)의 무덤 속에 파묻히고 마는 것이 될 것이다.[40]

의사를 예로 들어 보자. 의사는 환자를 '병'으로 대해야 한다. 두통을 앓는지 배가 아픈지를 살펴야지, 그가 성품이 좋은지를 가늠해서는 안 된다는 뜻이다. 이때 의사는 환자와 '나-그것'으로 만날 수밖에 없다. 그러나 의사는 환자와 '나-너'로 만날 때가 있다. 치료가 끝난 뒤, 의사는 환자와 병을 앓으면서 겪었던 마음의 아픔이 무엇이었는지, 생활에 불편한 데는 없는지 등 인간적인 대화를 나누기도 한다.

친구 사이에서도 마찬가지다. 친구와 분명히 '나-너'로 만나야 하지만, '나-그것'으로 대해야 할 때도 있다. 공적인 일을 맡았을 때가 대표적이다. 그러나 그것과의 관계에만 계속 머물러 있을 때 우리의 삶은 돌덩이 같은 인생이 된다.

《나와 너》의 교훈은 자명하다. '나와 그것'과의 관계에서 '나와 너'의 관계로 회복해야 한다는 것이다.

죄로 인해 어그러진 나와 너

그렇다면 왜 우리가 '너와 그것'의 관계가 되었을까? 그리고 '나와 너'의 관계가 되기 위해서는 무엇이 필요한 지 살펴보자.

원래 인간의 참모습은 자연-인간-하나님과의 관계에서 나와 너(I and You)의 관계였다. 그러나 우리는 자연도 '그것'(It)으로, 인간도 '그것'(It)으로, 하나님도 '그것'(It)으로 전락시켜버려 비극이 되었다. 바로 우리의 죄 때문이다. 그 결과로 가정폭력, 전쟁, 저주, 환경공해 등의 비극적인 일을 자초하게 되었다. 하나님을 떠난 인간은 모든 관계를 어그러지게 했다.

먼저, 우리의 죄는 인간과 인간 사이의 관계를 너와 그것으로 만들었다. 태초의 아담과 하와는 금술이 그지없이 좋았다. 아담은 하와에게 "내 뼈 중의 뼈요 살 중의 살이라"라고 할 정도였다(창 2:23a).

아담과 하와는 '나와 너'의 2인칭 관계도 아닌, 거의 1인칭 그 자체였다. 너 없이는 나 없고, 나 없이는 너 없는, '나'와 '너' 사이에 아예 '와'가 사라질 정도로 '하나'를 이루는 관계. 이런 관계가 어떻게 가능할까? 그때 그들의 행복은 어땠을까? 죄를 짓기 전의 아담과 하와는 그랬다. 그러나 아담과 하와가 죄를 짓고 난 후 아담은 하와를 가리켜 '그 여자'(히브리어, 하 이쒀)라고 부른다 (창 3:12).

경건한 크리스천 정신의학자 폴 트루니에는 사랑이 식어지는 근본적인 원인을 '죄' 때문이라고 했다. 죄에 빠지면 지극히 자기중심적이 되고, 상대방의 목을 조인다. 죄에 물들면 가슴은 안 떨리고 치가 떨리는 사이가 되어 버린다. 당신을 만난 걸 '기적'이라고 하다가, 죄에 빠지면 그냥 '적'이라고 한다.

메마른 인간관계가 회복되는 길은 명료하다. 서로가 하나님을 바라보며 거룩을 추구하는 것이다. 거룩이란, 죄에서 떠나 하나님 앞에서 생활하는 것이다. 거룩을 추구하면 행복은 따라온다. 거룩을 추구하면 다시금 "내 뼈 중의 뼈요 살 중의 살이라"라는 감동을 회복한다.

탐욕의 대상이 되어버린 자연

우리의 죄는 인간과 자연의 관계를 '나와 그것'으로 만들었다. 부버에 의하면 사람과 자연과의 관계도 '너'가 될 수 있다. 빈센트 반 고흐가 그린 〈해바라기〉는 기꺼이 고흐에게 '너'가 되는 자연이다. 고흐는 해바라기를 단지 들판에 피어 있는 꽃이 아닌 예술적 대상으로, 자신과 합일이 되는 친근한 존재로 보았다. 자신과 해바라기를 '나와 너'로 본 것이다.

하나님은 모든 피조물을 선하고 완벽하게 창조하셨다(창 1:31). 하나님은 '보시기에 심히 좋았던' 피조물들을 하나님의 형상대로 지음 받은 인간에게 맡기셨다.

> 하나님이 그들에게 복을 주시며 하나님이 그들에게 이르시되 생육하고 번성하여 땅에 충만하라, 땅을 정복하라, 바다의 물고기와 하늘의 새와 땅에 움직이는 모든 생물을 다스리라 하시니라
>
> 창 1:28

하나님은 세상을 창조하시고 인간에게 잘 다스리라고 말씀하셨다. '다스리다'(히브리어, 라다)라는 말은 부모가 자녀를 돌보듯 돌본다는 뜻이다. 하나님이 아담에게 에덴동산을 맡기시면서 '지키게'(히브리어, 쇠마르) 하신 것(창 2:15)도 같은 의미이다. 그런데 죄를 범한 인간은 자연을 돌봄의 대상으로 보지 않고, 탐욕의 대상으로 보았다. 산도 돈으로 물도 돈으로 본 것이다. 따라서 자연 세계는 탄식하며 고통을 겪고 있는 비정상적인 상태가 되었다. 새들은 노래하는 대신에 울기 시작했고, 꽃들도 환한 미소 대신에 고통에 고개 숙이기 시작했다.

피조물이 다 이제까지 함께 탄식하며 함께 고통을 겪고 있는 것을 우리가 아느니라 롬 8:22

이사야 11장을 보면 아름다운 하나님 나라의 정경이 나온다. 사자와 양이 함께 누워 장난치며 어린아이가 독사 굴에 손을 넣고 논다. 이 구절의 의미가 여럿 있지만, 그중 하나는 인간과 자연과의 관계의 회복을 보여준다. 회복된 하나님의 나라에서 인간은 자연과 '나와 너'가 되었다.

자연과의 아름다운 관계를 위해서도 인간의 거룩이 중요하다. 하나님 앞에서 거룩을 추구하면 우리 속에 있는 죄성, 즉 육신의 정욕, 안목의 정욕, 이생의 자랑(요일 2:16)이 제어되기 시작한다. 그러면서 욕심을 대상으로 바라보면 자연을, 지켜야할 자연으로 보기 시작한다.

램프의 요정이 되어버린 하나님

우리의 죄와 죄성은 하나님과의 관계마저 '나와 그것'으로 만들었다. 그리스인이나 로마인들이 생각하는 신(神)은 자신들을 도와주는 '수호신' 정도이다. 따라서 신의 뜻에 맞게 산다던가, 신을 찬양한다던가 하는 일은 없다. 자신들에게 복을 달라고 신을 달랠 뿐이다. 죄로 물든 인간은 하나님을 '그것'으로 본다.

《아라비안 나이트》를 보면 마법의 램프가 나온다. 이 램프를

문지르면 "네, 주인님" 하며 거인이 등장한다. 이 거인은 '배고프다' 하면 먹을 것을 가져 오고, '어디 좀 가야겠다' 하면 날으는 융단으로 실어 나른다. 말이 거인이지 사실은 종이다.

죄에 빠진 인간은 자기 욕망을 이루기 위하여 하나님을 램프의 종처럼 여기는 경우가 많다. 하나님을 도깨비들이 들고 다니는 요술 방망이로, 혹은 지폐 한 장 넣어주면 원하는 상품을 제공하는 자판기 정도로 여기고 살아갈 때, 하나님은 우리에게 겨우 '그것'으로 존재할 뿐이다.

만남이 맛남이 되길

먹고 먹히는 정글 같은 세상 속에서 만남은 드물고 '그것'과의 '스침'만 가득하다. 이 메마름을 느끼기에 누구나 '만남'을 갖고 싶어 한다. 나는 당신의 배경이 되어주고, 당신 또한 나의 여백이 되어주는, 참 만남을 원한다. 그리하여 '만남'이 '맛남'이 되기를 원한다.

그렇다. 만남의 복은 주님이 주신 최고의 복 중의 하나이다. 하나님이 우리를 복 주시려 할 때 '사람'을 보내주신다. 하나님이 최상의 사람을 만나게 해주셨는데, 우리가 그 만남을 알아차리지 못해서 소홀히 여긴다면 복을 발로 차는 꼴이다. 하나님이 보내 주신 '그 사람'과 '나와 너'가 되어야 하는데, '나와 그것'이 된다면 비극이다.

태초에 만남이 있었다. 태초에 관계가 있었다. 지금도 그러하다. 만남의 복, 만남을 볼 줄 아는 영성, 참 만남과 동행하는 불꽃같은 삶! 그런 복과 삶을 누리게 되기를.

역사의 주인은 하나님이시다

2

Humanitas To GOD

역 사 ,
하나님과
인간이 만나다

역사의 주인은
하나님이시다

과거를 지배하는 자는 미래를 지배한다.
현재를 지배하는 자는 과거를 지배한다.[41]

조지 오웰의 소설 《1984》에 나오는 구절이다. 이 책은 세계가 오세아니아와 유라시아, 동아시아라는 거대 전체주의 국가로 나뉘어 전쟁을 벌이는 상황을 배경으로 한다.

오세아니아를 통치하는 당은 권력 유지를 위해 가상의 인물인 '빅 브라더'를 만든다. 그리고 인간의 기본 욕구와 감정을 통제하는 약을 개발한다. 주인공인 당원 윈스턴은 '현재를 지배한다'는 당의 목표에 맞춰 현재에 맞지 않는 과거를 끊임없이 조작하는 일을 한다.

예를 들어 빅 브라더가 미래의 일을 언급하고 그 미래가 현재가 되었을 때 나타난 괴리를 없애는 작업을 한다. 그리하여 각종 문서, 신문, 서적, 녹음, 영화 등 과거의 모든 기록을 조작하고 바꾼다.

현재를 지배하는 자가 과거를 지배할 때, 객관적 역사란 불가능해지고 역사 왜곡 논쟁이 끊임없이 일어난다. 우리는 마르틴 부버가 《나와 너》에서 말하듯이, 역사를 '너'로 볼 수도 있고, '그것'으로 볼 수도 있다.

역사를 '너'로 보는 것은 역사를 오늘의 우리를 있게 한 '너'로 보며 의미를 부여하는 것이다. 이때 참다운 역사의 대화가 이루어진다.

역사를 '그것'으로 보는 것은 현재의 이득을 위해 역사를 왜곡 조작하여 도구로 취급하는 것이다. 그러나 역사, 사람, 심지어는 하나님까지도 '그것'으로 취급하여 이용하려는 사람은, 자신도 역사 앞에서 하나님 앞에서 '그것'이 될 뿐이다.

선택된 사건들의 기록

역사의 문제를 더 깊이 들어가 보자. 역사 속에서 어느 한 사람에 관한 상반된 평가가 나오기도 한다. 송강 정철에 대한 평가가 그 대표적인 예이다.

정철에 대해서는 "성품이 편협하고 말이 망령되며 행동이 경망했기 때문에 원망을 자초했다"라는 기록도 있고, 다른 한편으로는 "충성스럽고 청렴하며 강직하고 절개가 있어 한결같은 마음으로 나라를 근심했다." 이런 기록도 있어요. 한 사람에 대한 평가가 이렇게 극단적으로 나뉠 수가 있는 겁니까?[42]

조선 중기 시인이자 정치가인 송강 정철은 정여립의 난과 기축옥사 당시 국문을 주관하던 형관으로 사건 추국을 담당했다. 이로 인해 그는 많은 원망을 들었고, 이런 일들이 그의 삶의 쓴 화근이 되었다.

반면 당대 시조문학 가사문학의 대가이기도 했던 그는 〈관동별곡〉(關東別曲) 등 뛰어난 가사와 한시를 지어 윤선도와 함께 한국 시가의 쌍벽으로 일컬어진다.

정철에 대한 부정적인 기록은 북인들이 주도해서 쓴《선조실록》에 나오고, 긍정적인 기록은《선조수정실록》에 나온다.《선조수정실록》의 편찬을 담당한 세력이 서인인데, 정철은 서인 소속이었다. 그래서 서인들이 기록한《선조수정실록》에는 그를 향한 긍정적인 표현들이 꽤 있다. 그렇다면 무엇이 정철에 대한 바른 평가일까?

오늘날 5천 원 권의 모델인 율곡 이이에 대한 평가도 그렇다.《선조실록》에는 "이조판서 이이가 죽었다"吏曹判書李珥卒라는 딱 한 줄만 기록되어 있다. 서인들이 기록한《선조수정실록》은 이이의 죽음을 장황하게 기록한다. 이이는 서인들의 정신적 멘토이자 우상이었기 때문이다. 율곡 이이에 대한 평가는 누가 옳은가?

세계적인 학술지인 〈네이처〉의 편집장을 지낸 이론 물리학자인 마크 뷰캐넌은 '역사'에 대해 이렇게 말했다.

> 귀스타브 플로베르(Gustave Flaubert)는 한때, 역사를 쓰는 것은 "대양을 마시고 한 잔의 오줌을 싸는 것과 같다"라고 말했다. … (중략) … 무한한 사실의 대양에서 오로지 아주 적은 사실들만이 역사를 몰고 간 중요한 사건과 배후의 경향에 대해 말해준다.[43]

지구촌에는 하루에도 수많은 사건들이 일어나고 없어진다. 그중에 역사가가 선택한 어떤 사실만 역사로 기록된다. 마치 대양(大洋)같이 많은 사건 속에서 커피 잔으로 한 잔의 물을 선택한 것과 같다.

그만큼 역사를 기술하는 일은 실제의 역사적 실재에 비하면 빙산의 일각에 불과하다. 따라서 우리가 보고 있는 '역사 기록'은 선택된 역사'이다. 근대 역사학의 아버지라고 일컬어지는 랑케(L. Ranke)는 "있는 그대로의 역사" 서술을 주장했다.

또한 오늘날의 역사가들도 역사적 사실을 객관적으로 서술하는 것을 최종 이상으로 삼는다. 참 좋은 목표다. 그러나 이는 불가능하다. 기록된 역사는 객관적 사실을 기록한 것이라고 할지라도, 역사가의 안목과 배경이 반드시 스며들게 된다.

역사는 세 가지 요소로 이루어진다. 첫째, 과거에 실제로 일어났던 사실들이다. 둘째, 과거의 사실을 기록한 기록물이다. 셋째, 그 기록에 대한 해석이다. 이 중에서 둘째와 셋째 요소에는 역사가의 주관이 다분히 들어간다. 역사 자료의 수집과 분석에도 과학적 요소가 있지만, 자료의 서술과 해석 과정에서 스토리(story), 예술적 측면을 가지게 되기에 기록하는 사람에 따라서 같은 역사적 사실에 대해서도 그 서술 내용이 달라질 수 있다.

역사가가 과거의 사실을 전부 역사화하지는 않는다. 과거의 사실 중에서 의미 있다고 판단되는 것만 기록으로 남긴다. 역사가의 역사 서술에 기록된 것들은 기억되지만, 생략된 것들은 그저 '잠자는 숲속의 미녀'로 망각된다.

역사는 승자의 기록인가

역사학에 오래 내려온 논쟁이 있다.

"역사는 승자의 기록인가?"

우리가 보고 있는 교과서적, 공식적 역사 기록이 모두 객관적이고 보편타당성 있는 기록이라고 보기에는 무리가 있다. 역사가가 중요하다고 생각한 것을 선택하여 기록했을 뿐 아니라, 승자의 관점에서 서술했다고 해도 과언이 아니기 때문이다.

승자만이 자신의 성공을 정당화하면서 기록으로서 역사를 남긴다. 승자는 역사 기록 과정에서 남길 것은 남기고 버릴 것은 버린다. 또한 필요에 따라 사실을 축소하기도 하고 과장하거나 확대하기도 한다. 때론 없었던 일을 있었던 일로 조작하는 것도 가능하다.

따라서 승자의 말이 곧 진실이요, 정의가 될 가능성이 많다. 이른바 '승자 독식'의 상황이 펼쳐지는 것이다.

"패자는 말이 없다"라고 하는데, 그렇다면 패자의 목소리는 어떻게 되는가? 역사가가 피나는 노력을 통해 '아래로부터의 역사', 즉 패자의 목소리를 복원하여 드러내고자 할지라도 한계가 다분하다. 역사는 역사의 계주에서 우승한 자의 과거를 주로 살피게 된다. 그래서 "승자는 역사를 기록하고, 패자는 소설을 쓴다"라는 말도 나온 게 아닐까.

패자는 전설 내지는 야사, 설화를 만들어낸다. 허구를 통해 진실을 드러내고자 한다. 그러나 설화는 허구이고, 역사만이 사실이라는 역사학계의 이분법은 승자의 역사를 더욱 정당화한다.

어쩔 수 없이 역사는 승자의 기록일 수밖에 없다. 승자는 당대의 권력과 명예는 물론 후세의 기록까지도 다 가져간다. 패자는 아무 변명도 못하고 야만인, 역적, 괴수, 폭군, 패륜아 등의 온갖 악명을 받는다.

중국 하나라의 걸(桀) 임금이나, 은나라의 주(紂) 임금은 희대의 폭군이요 악인으로 불린다. 그러나 그들이 승리한 나라의 왕이었다면 그렇게 불리지 않았을 것이다. 당태종 이세민은 자기 형과 동생을 죽이고 아버지를 협박해 왕위에 오른 희대의 패륜아(悖倫兒)지만, 후대인들에게 성군으로 추앙받을 뿐 패륜아라고는 하지 않는다.[44]

우리나라의 경우도 마찬가지이다. 700년 백제가 무너지자 의자왕은 망국의 주범이 되었다. 신라 입장에서는 백제가 멸망할 수밖에 없었던 이유가 필요했다. 그래서 백제의 말년에 대한 묘사는 심히 부정적이다.

의자왕이 말년에 태자궁을 수리했는데 대단히 사치스러웠다는 둥, 왕이 궁녀들과 주색에 빠져 술 마시기를 그치지 않았다는 둥, 궁궐의 나무가 사람처럼 울었다는 등 흉흉한 사건 일색이다. 이 기록을 온전히 믿을 수 있을까?

《삼국사기》의 경우도 그러하다. 이 책은 승자인 신라 중심의 기록이어서인지. 고구려와 백제에 대해서는 매우 불리하게 기록하고 있다. 고구려는 당나라와 여러 전투를 싸웠다. 이 중에서 특히 안시성 전투는 빛나는 고구려의 승리였다. 이 전투의 지도자가 안시성의 성주 양만춘이다. 그런데 《삼국사기》에는 그의 이름조차 나오지 않는다.

승자는 심지어 패자의 기록을 의도적으로 태워버리기도 한다. 이것을 '분서'(焚書)라고 한다. 진시황의 분서갱유(焚書坑儒)가 그 대표적인 예이다.

히틀러도 분서에 참여했다. 1933년 5월 베를린 대학 광장에서 토마스 만, 레마르크, 앙드레 지드, 에밀 졸라, 프로이트, 카프카, 츠바이크, 후설, 마르틴 부버, 마르셀 프루스트, 아인슈타인 등 무려 131명이나 되는 작가의 책들이 퇴폐적 저술이라는 이유로 불태워졌다. 일제도 우리나라의 사서(史書)를 몰수하여 총독부 뜰에서 분서했다.

그렇다고 해서 우리가 접하고 있는 역사가 심하게 날조되거나 거짓된 건 결코 아니다. 또한 완벽한 진실도 아니다. 그래서 역사가들은 역사 기록 이면에 숨겨진 행간의 뜻을 찾으려 노력한다.

역사는 평가를 받는다

우리가 지금 보고 있는 역사적 사실이 모두 진실은 아니다. 그렇다면 진정한 역사의 평가는 무엇일까? 누구의 평가가 가장 진실에 가까울까? 이에 답하기 전에 사도 바울을 통해 말씀하신 하나님 말씀을 먼저 들어보자.

> 너희에게나 다른 사람에게나 판단 받는 것이 내게는 매우 작은 일이라 나도 나를 판단하지 아니하노니 내가 자책할 아무것도 깨닫지 못하나 이로 말미암아 의롭다 함을 얻지 못하노라 다만 나를 심판하실 이는 주시니라 고전 4:3,4

바울은 자신에 대한 남들의 평가는 작은 일이라면서, 그것이

유익이 되지만 결정적이지는 않다고 했다. 또한 본인 스스로가 자신의 삶에 대해 평가하는 것도 마음에 두지 않았다. 그러면서 하나님의 평가와 판단이 가장 결정적이고 중요하다고 했다.

우리의 삶을 평가하는 세 가지 눈이 있다. 첫째, 나 스스로가 나를 평가한다. 둘째, 이웃이 나를 평가한다. 셋째, 하나님이 평가하신다.

먼저, 내 스스로가 자신의 삶을 평가하는 것은 교만 또는 자학으로 치닫기가 쉽다. 우리는 자신의 죄와 연약함에 대해서는 너그럽지만 다른 사람들에게는 매우 엄격하다. 내가 하면 로맨스고 남이 하면 스캔들이라고 한다.

인간은 죄성이 가득하기에 지극히 자기중심적이며 이기적이고 착각을 잘한다. 요한계시록에 나오는 라오디게아 성도들은 자신들을 대단하게 여겼다. 그러나 하나님이 보시기에 그들은 가난하고 눈 멀고 벌거벗은 비참한 이들이었다.

> 네가 말하기를 나는 부자라 부요하여 부족한 것이 없다 하나 네 곤고한 것과 가련한 것과 가난한 것과 눈 먼 것과 벌거벗은 것을 알지 못하는도다 계 3:17

또한 나에 대한 이웃의 평가도 불완전하다. 내가 나를 바라보는 눈에는 지극히 자기중심적인 편견이 들어 있다. 내가 내 자식을 보면 너무 예뻐서 정신을 못 차리지만, 선생님과 친구들은 그 아이의 장점뿐 아니라 단점까지도 정확히 파악한다.

이웃이 나를 바라보는 눈이 더 객관적이고 정확하다. 그러나 바울 사도는 타인이 나를 바라본 평가도 불완전하다고 한다. 나를 향한 이웃의 평가는 내 인생 결산의 마지막 판단의 증거가 될 수는 없다.

사도 바울의 이 표현이 멋지다.

너희에게나 다른 사람에게나 판단 받는 것이 내게는 매우 작은 일이라 고전 4:3

분명 이웃의 판결과 충고를 귀담아들어야 하고 참고할 필요가 있다. 그러나 그것은 결정적인 일이 아니라 '작은 일'이다.

누가복음 16장에 나오는 부자와 나사로의 이야기를 살펴보자. 이 이야기에서 부자의 이름이 무엇인가? 모른다. 그저 부자일 뿐이다. 그는 지옥에 가서도 형제와 친지를 생각할 정도로 가족에 대한 돌봄이 컸다. 이웃들을 초청하여 파티를 열고 같이 먹고 마시며 즐겼다. 시인 묵객들은 그의 집을 근거로 풍류를 읊었는지도 모른다. 그의 이름으로 장학 재단을 만들어 많은 사람에게 도움을 주었는지도 모른다. 그 부자의 이름은 지금도 많은 사람의 입에 회자되고 있을지 모른다.

한 마디로 그와 관계된 사람들이 그를 좋게 평가했는지 모른다. 그러나 하나님은 그의 이름을 기억하지 않는다. 그저 어느 부자일 뿐이다. 하늘나라의 생명책에 그의 이름이 없다.

사람들에게 좋은 평을 받고 사는 것은 중요하다. 그러나 사람들이 "저 사람만큼은 법 없이도 살았고 멋지게 살았으며 천국이 있다면 갈 수 있는 사람이다"라고 말하더라도 사람의 그 평가가 천국과 지옥을 결정할 수는 없다.

좋은 영성 학자 헨리 나우웬은 이런 말을 했다.

"내가 민감하게 몰두하는 것을 보면 내가 하나님에 속했는지, 사람에게 속했는지 알 수 있다."

약간의 비판에 심히 분노한다거나, 약간의 거절감에 너무 우울해하고, 약간의 칭찬이나 성공에 심히 흥분하는 인생. 사람들의 반응에 민감하게 요동치는 인생은 인정 중독에 빠진 삶이다.

사도 바울은 사람들의 판단을 잘 들었다. 그러나 사람들의 판단이 작은 유익은 있지만 큰일은 아니라고 한다. 파도가 쳐도 내가 탄 배를 뒤흔들 정도는 아니라는 것이다. 모든 사람에게 좋은 사람이 되기를 원하는 사람은, 늘 타인의 시선 속에서 살기 때문에 자유가 없다.

맷집이 필요하고 '미움 받을 용기'를 가져야 한다. 예수님과 제자들도 바리새인과 서기관 그리고 그들을 따르는 무리에게 미움을 받았다. 죄 많은 세상 속에서 하나님의 가치관으로 살았기에 그러하다.

예수님과 제자들도 그러한데, 모든 사람에게 사랑을 받고 싶다는 것은 안개 같은 꿈이자 또 하나의 교만이다. 진리 안에서 살려면, 미움 받을 용기를 가져야 한다. 맷집을 길러야 한다.

나를 향한 이웃의 시선은 유익하지만 결정적이지는 않다.

제일 중요한 평가

그리고 무엇보다 하나님의 평가가 제일 중요하다. 우리 인생을 정확 무오하게 평가하시고 결산하시는 이는 나 스스로도 이웃도 아니요 오직 하나님뿐이다.

> 다만 나를 심판하실 이는 주시니라 고전 4:4

하나님은 천지만물을 지으시고 보시기에 좋았다고 평하셨다.

> 하나님이 지으신 그 모든 것을 보시니 보시기에 심히 좋았더라
> 창 1:31

하나님의 평가인 만물의 '선함'은 모든 존재에게 적용된다. 그분은 한 사람 한 사람을 걸작품으로 창조하셨다. 온 우주와도 바꾸지 않을 존귀한 자들이다. 그리고 각 사람에게 하나님의 나라와 영광을 위한 사명을 주셨다.

같은 새라도 밤에 노래하는 새가 있고 낮에 노래하는 새가 있다. 봄에 피는 꽃이 있는가 하면 가을에 피는 꽃도 있다. 한 곳

만이 성공지점이라고 해서 모두 그 방향으로만 뛰면 1등은 하나밖에 없다. 그러나 동서남북으로 뛰면 네 사람이 1등을 하고, 360도 방향으로 각자 달리면 360명이 모두 1등을 한다.

하나님께서는 우리를 직선 위에 줄을 세워놓고 1등, 2등 순위를 매기시지 않으신다. 둥근 원 위에서 우리 각자에게 주신 은사와 사명대로 자신의 독창적인 방향으로 뛰어가게 하셨다. 직선 위에 서면 1등, 2등, 꼴찌가 있어 괴롭지만, 각자의 사명으로 살면 모두가 1등이다.

수(秀)는 '빼어날 수'이다. '우수하다'라는 뜻이다. 우(優)는 '우등생'을 말할 때의 '우', 즉 '넉넉하다'라는 말이다. 미(美)는 '아름다울 미'이다. '좋다'는 뜻, 역시 잘했다는 의미이다. 양(良)은 '양호하다'는 의미로 '좋다, 어질다, 뛰어나다'의 뜻이 있다. 말 그대로 '괜찮다'는 뜻이다. 등급 네 번째를 차지하는 '양'마저 좋은 뜻이다. 마지막 가(可)가 남았다. 그런데 놀랍게도 가(可)는 '가능하다' 할 때의 '가'이다. 희망의 말이다. 충분한 가능성을 가지고 있으니 '옳다'는 것이다.

하나님이 지으신 모든 영혼은 모두 좋고 옳다. 하나님은 이런 기대를 안고 우리를 이 땅에 보내셨다. 우리 모두는 우수하고, 넉넉하고, 아름답고, 뛰어나고, 옳다. 아름다운 창조이다. 이러한 아름다운 창조, 아름다운 기대는 다시 한 번 바울 사도의 고백을 통해 더욱 드러난다.

나는 선한 싸움을 싸우고 나의 달려갈 길을 마치고 믿음을 지켰으니 이제 후로는 나를 위하여 의의 면류관이 예비되었으므로 주 곧 의로우신 재판장이 그 날에 내게 주실 것이며 내게만 아니라 주의 나타나심을 사모하는 모든 자에게도니라 딤후 4:7,8

이 구절은 사도 바울이 임박한 자신의 죽음을 내다보며 유언으로 남긴 내용 중의 하나이다. 바울은 예수님을 사랑하여 전도하고 선교하며 불꽃같은 삶을 산 사람이다. 그래서 자신의 호흡이 멎는 날, 삶의 심판자이신 하나님께서 자신에게 의의 면류관을 씌워 주실 것을 확신했다.

면류관은 운동경기에서 1등을 차지한 선수가 받는 월계관이다. 하나님이 주시는 의의 면류관은 차원이 다른 왕관을 의미한다. 그러나 월계관이나 하나님의 왕관이나 1등을 한 한 사람에게만 주어진다는 의미에서는 동일하다.

금메달은 하나이다. 그러므로 바울이 하나님께서 자신에게 의의 왕관을 주신다고 말한 것은 자기 시대에 자신이 1등이라는 의미인가? 그렇지 않다. 바울은 이렇게 말을 맺고 있다.

내게만 아니라 주의 나타나심을 사모하는 모든 자에게도니라
딤후 4:8

하나님은 바울 사도를 통해 바울만 의의 왕관을 받는 것이

아니라, 주님의 재림을 믿으며 주님을 좇아 사는 사람은 누구든지 자신과 똑같은 왕관을 받을 수 있음을 말씀하신다. 바로 여기에 세상의 평가와 하나님의 평가의 근본적인 차이가 있다.

세상의 평가는 상대적 평가로, 어느 분야든 1등은 한 사람뿐이다. 그러나 하나님의 평가는 절대적인 평가이다. 하나님 앞에서는 모든 사람이 똑같이 1등을 할 수 있다는 말이다.

삶의 마지막에 주어질 하나님의 평가

하나님의 평가와 인간의 평가가 결정적으로 차이가 날 수 있다는 좋은 샘플이 있다. 오므리 왕의 이야기이다. 이스라엘의 북왕국 6대 왕으로 등극한 오므리는 대단히 유능하고 위대한 왕이었다. 아마, 그가 지금 시대 태어났다면 후대 사람들이 그의 동상을 세우고 그의 전기를 자서전을 내면서 많은 지도자들의 롤 모델이 되었을 것이다.

오므리 왕은 반란으로 왕권이 뒤바뀌는 어수선한 이스라엘을 안정시키기 위하여 수도를 사마리아로 옮겼다. 꼰대가 되어 가는 토착 세력들을 견제하고 새 물결을 받기 위해서이다. 또한 사마리아는 높은 요새지로서 사방을 훤히 바라볼 수 있어, 적의 공격으로부터 방어가 용이하다. 신흥 세력인 앗수르의 발흥을 예견하고 사마리아를 새 수도로 삼아 요새화한 것이다.

그렇게 수도를 사마리아로 옮기고 왕권을 강화한 다음, 경제를 부흥시켰다. 무역을 장려했다. 얼마나 멀리까지 나가 교역을 잘했던지, 이스라엘을 잘 모르는 나라들은 이스라엘을 '오므리 집안'이라고 부를 정도였다. 확장 사업도 성공하여 모압을 정복하여 이스라엘 사람들을 이주시키기도 했다.

뿐만 아니라 새로운 회계 제도(fiscal system)를 제정했고, 법질서와 체계를 구축해서 수백 년이 지난 선지자 미가의 시대에도 '오므리의 율례'라는 것이 민간 생활이 확립되어 있을 정도였다. 그는 이와 같이 백성의 삶의 질을 향상시켰다. 그는 솔로몬 이래로 이스라엘을 가장 부강한 나라로 만든 위대한 군주다.

그런데 하나님은 오므리 왕의 이러한 업적에 대해 별 관심을 보이지 않는다. 하나님의 평가는 다르기 때문이다. 하나님은 오므리를 단지 몇 문장으로 평가하고 있다. 그것도 악평을 하고 있다.

> 오므리가 여호와 보시기에 악을 행하되 그 전의 모든 사람보다 더욱 악하게 행하여 느밧의 아들 여로보암의 모든 길로 행하며 그가 이스라엘에게 죄를 범하게 한 그 죄 중에 행하여 그들의 헛된 것들로 이스라엘의 하나님 여호와를 노하시게 하였더라
> 왕상 16:25,26

"그 전의 모든 사람보다 더욱 악하게 행하여"라는 말을 지금의 시쳇말로 의역하면 '오므리에 비하면 그 전의 왕들의 악은 포

크레인 앞에서 삽질하기'라는 것이다. 오므리는 여로보암의 죄를 그대로 답습했다.

여로보암은 북왕국 이스라엘의 창건자이다. 여로보암의 죄가 무엇인가? 벧엘과 단에 금송아지 상을 만들어놓고 "여기에 우리를 애굽에서 이끌어 내신 신이 있다"라며 섬기게 한 죄이다. 산당들을 지어서 레위 자손이 아닌 사람들을 제사장으로 삼고, 자기 마음대로 절기를 정했다.

여로보암의 길로 걸어간 오므리는 죄악을 더 추가하는데, 시돈(페니키아) 사람의 왕, 엣바알(바알의 제사장)의 딸 이세벨을 아들인 아합과 결혼시킨 일이다. 이세벨이 왕궁 안으로 들어오면서 이스라엘은 '여로보암의 길'보다 더 악한 '이세벨 스타일'의 죄악이 시작되었다.

여로보암의 길이 여호와 하나님을 향한 신앙의 왜곡이라면, 이세벨의 길은 여호와 하나님을 향한 완전한 반역이다. 여호와 신앙을 왜곡하는 것에 그치지 않고, 아예 하나님을 몰아내고 바알을 섬기게 했다. 오므리 왕조 때 바알 숭배는 아예 국가적인 신앙 행사가 되었다.

하나님이 왕들을 평가하는 관점은 그가 얼마나 하나님과의 언약에 충실했느냐 하는 것이다. 그의 마음과 삶이 얼마나 하나님 중심으로 서 있으며, 얼마나 힘을 다해 하나님께 순종했는가를 보신다.

하나님은 사람이 천하를 얻더라도 제 영혼을 잃으면 아무

소용이 없다고 하셨다(마 16:26). 진정으로 성공한 인생은 얼마나 많이 가졌는가 혹은 얼마나 큰일을 이루었는가가 아니라 하나님과의 관계에서 얼마나 그분의 인정을 받았는가 하는 것이다.

> 그의 앞에는 모든 열방이 아무것도 아니라 그는 그들을 없는 것같이, 빈 것같이 여기시느니라 사 40:17

세상의 역사가는 역사의 주인공이라고 여기는 왕과 장군들을 중심으로 역사를 기록한다. 그리하여 영웅들을 만들어내고 그들을 모델로 앞장세운다.

그러나 하나님의 나라의 역사는 다르다. 하나님은 영웅으로 기록되지 않은 평범한 우리의 머리카락까지도 세신 바가 되셨다고 했다. 우리가 작은 소자에게 냉수 한 모금 건넨 것도 기억하시고 귀중하게 보신다.

사람이 사람을 평가한 것은 맞는 것도 있지만 틀린 것도 있고 허무한 것도 있다. 우리를 지으시고 이 땅에 보내신 '하나님의 평가'가 가장 중요하다. 우리 삶을 마치는 날, 하나님은 나를 어떻게 평가하시는가? 그것이 가장 중요하다.

이제 내가 사람들에게 좋게 하랴 하나님께 좋게 하랴 사람들에게 기쁨을 구하랴 내가 지금까지 사람들의 기쁨을 구하였다면

그리스도의 종이 아니니라 갈 1:10

역사도 마찬가지다. 한 민족의 역사는 그 민족의 얼이다. 당연히 자기 민족을 미화하고 자기 민족 중심으로 역사를 기록한다. 중국이 자신을 세상의 중심 즉 중화(中華)라고 하고 나머지 민족을 오랑캐라고 부르는 것이 대표적인 예이다. 중국뿐만이 아니다. 모든 나라가 그와 비슷하다.

헤로도투스의 《역사》에 묘사된 전투의 모습도 그러하다. 적군인 페르시아 군의 작전 지휘, 전투가 모두 웃음거리처럼 묘사되고 있다. 어느 한 민족이 타민족을 평가한 것이 비교적 객관적일 수가 있다. 그러나 그 또한 철저하게 한계가 있다. 한 민족의 역사에 있어서도 가장 중요한 것은 하나님의 평가이다.

역사의 주인은 하나님

역사에 관한 중요한 결론을 말해보자.

"역사의 주인은 하나님이시다!"

우리가 교과서에서 배운 역사는 역사에 역사(役事)하시는 하나님의 존재를 인정하지 않고 바라본 인간 중심의 역사이다. 즉 인본주의(人本主義) 역사이다. 우리 성도들이 믿는 것은 당연히 신본주의(神本主義) 역사이다. 신본주의 역사관은 "역사의 주인은 하나님이시다"라는 걸 믿는 역사관이다. 독일 신학자 판넨베르크는 이렇게 말했다.

"역사는 하나님의 계시다."

하나님은 역사의 하나님(God of hitory)이시자, 역사 속의 하나님(God in History)이시다. 또한 위대한 역사가(the Great Historian)이시다.

첫째, 역사의 동인(動因)은 하나님이시다. 역사의 아버지라 일컬어지는 헤로도투스(Herodotus)는 역사의 주관자를 운명의 신이라고 했다. 과학적인 역사의 아버지라 불리는 투키디데스(Thucydides)는 역사적인 사건의 본질을 공포심, 공명심, 이기심 등 인성(人性) 측면에서 이해하려고 했다.

헤겔(Hegel)은 '이성의 교지(校智)'라고 했고, 마르크스(Marx)는 '경제적 필연성'이라고 했다. 토인비(Toynbee)는 '도전과 응전'에서 역사원리에 대한 해답을 얻으려 했다.[45]

'역사의 동인이 무엇이냐?'라는 질문과 비슷한 질문이 '역사를 이끄는 주체가 누구냐?'라는 것이다. 소수의 뛰어난 엘리트가 역사의 주인공이라고 보는 시각이 있다(영웅사관). 반면 평범한 다수, 즉 민중의 의지 표현이 바로 역사라는 시각도 있다(민중사관). 이에 대해 오랫동안 논쟁을 벌여왔지만 여전히 결론은 나지 않고 있다. 어느 한쪽이 주도했다고 단정하기엔 역사의 흐름에 양면성이 있기 때문이다.

다 부분적이다. 완전하지 않다. 역사의 동인 즉 역사를 움직이는 분, 그리고 역사의 주체는 하나님이시다. 그렇다면 인간은 역사 속에서 오직 로봇 역할을 하는 것인가? 그렇지 않다. 하나님은 역사의 섭리자이시지만, 동시에 인간의 자유의지를 허용하시고 계시기에, 역사의 한복판에서 하나님과 인간이 만난다.

하나님은 지진, 번개와 같은 자연 현상도 사용하시지만, 역사의 진행 과정에서 인간을 쓰시고 인간과 동행하신다. 인간은 도덕적 책임자이며 동시에 역사적 행위자가 된다. 연극을 보는 관객이 아니라 그 속에 직접 참여하는 무대 위의 연기자이다.

따라서 역사 속에서 하나님과 인간은 배제적인 관계가 아니라 동행하는 관계이다. 물고기가 물에서 살듯이 인간은 역사 안에서 살아간다. 따라서 우리 그리스도인들은 '만신자 제사장'(萬信者 祭司長)일 뿐만이 아니라 미국역사학회의 회장을 역임한 베커(Carl L. Becker)가 주장하듯이 '만신자 역사가'(萬信者 歷史家)로 살아갈 수밖에 없다. 우리는 역사 속에서 하나님과 동행하며 동역하며 하나님나라의 역사를 함께 이루어간다.

그러나 역사를 움직이는 주체적인 힘, 즉 역사의 주된 동인(動因)은 하나님이시다. 하나님은 천지만물과 인간을 창조했을 뿐 아니라, 태초부터 지금까지 그리고 그 마무리까지 역사를 주관하시고 있다. 하나님은 역사를 움직이는 원동력이며, 역사에 의미를 부여하고, 그 방향과 종결을 계획하고 관여하신다. 역사는 곧 하나님의 역사이다.

만물이 그에게서 창조되되 하늘과 땅에서 보이는 것들과 보이지 않는 것들과 혹은 왕권들이나 주권들이나 통치자들이나 권세들이나 만물이 다 그로 말미암고 그를 위하여 창조되었고 또한 그가 만물보다 먼저 계시고 만물이 그 안에 함께 섰느니라
골 1:16,17

"역사는 진보하는가 아니면 퇴보하는가?", "역사는 직진하는가 아니면 순환하는가?"에 대한 논의도 역사학의 중요한 주제이다. 역사는 한 정점을 향해 달려가는 것인가 아니면 과거와 현재, 미래가 돌고 도는 것인가를 묻는 것이다.

이를 직진사관과 순환사관이라 한다. 기독교 역사철학의 아버지라고 불리는 어거스틴은 《신국론》에서 기독교 사관을 체계화했다. 어거스틴은 바울의 종말론에 영향을 받아서 심판 의식과 종말 의식을 역사에 도입했다. 이는 서양 '목적론적 사관'의 뿌리가 되었다.

고대 그리스는 '순환론적 사관'을 가지고 있었다. 이는 역사의 무목적성과 맹목성에 빠지는 오류를 낳았다. 목적론적 사관은 이를 극복하고 역사가 어떤 목적을 향해 가고 있다고 중요한 선언을 했다. 이러한 기독교적 역사철학의 전통은 보쉬, 헤겔, 토인비, 니버 등으로 이어지면서 사학사에 큰 영향을 미쳤다.

옳은 선언이다. 역사는 하나님이 정하신 종말을 향해 가고 있다. 하나님이 역사를 시작하셨고, 하나님이 역사를 움직이는 동인이시고, 주체이시고, 역사는 하나님 나라의 목적을 가지고 직

진하고 있다.

둘째, 하나님의 구속사(救贖史)가 온전한 역사관이다. 그렇다면 구체적으로 인간의 역사는 어디를 향하여 흘러가는 것일까? 하나님은 역사의 흐름 속에서 무엇을 하시려고 하는 것일까?

역사의 동인(動因), 발전 형태, 시작이나 종말의 유무 및 성격 등을 어떻게 보느냐에 따라 다양한 사관(史觀, Geschichtsanschauung)이 생겨난다. 사관은 역사를 보는 눈, 역사에 대한 식견, 역사의식으로 역사에 대한 견해, 해석, 관념, 사상 등을 의미를 포함한다.

그리하여 근대의 핵심적인 네 가지 역사관이 있다. 인본사관, 정신사관, 유물사관, 문명사관이 그것이다. 모든 사관은 당연히 장단점이 있고, 부분적이다. 온전하지가 않다. 그렇다면 하나님이 기뻐하시는 사관, 역사에 대한 하나님의 관점은 무엇일까?

바로 '구속사'(Salvation History, Heilsgeschichte)이다. 구속사관이란, 죄에 빠진 인간을 향한 하나님의 구원의 역사를 중심으로 역사를 바라보는 것이다. 성경은 하나님의 구속사를 보여준다. 성경이 구속사인 것은 하나님의 사랑 때문이다.

하나님은 천지만물을 창조하시고, 피조 된 세계를 다스리시고 유지하신다. 은하수 저편의 작은 별에서부터 복잡한 인간의 삶이 모두 하나님의 다스림 속에 있다. 그런데 인간은 하나님을 떠나 자신이 주인이 되어 살아가려 했다. 이것이 '죄'이고 타락이다. 죄의 결과 인간뿐 아니라 온 피조물이 탄식하는 괴로운 세상이 되었다.

이에 하나님은 인간을 구원하시기로 했다. 그리하여 아브라함을 택하시고, 이스라엘 민족을 이루시고, 수많은 선지자를 보내시고, 마침내 예수님을 이 땅에 보내어 십자가에 죽게 하심으로 구원의 완성을 이루셨다. 구속은 예수 그리스도로 말미암아 다시 회복됨을 의미한다.

그런즉 누구든지 그리스도 안에 있으면 새로운 피조물이라 이전 것은 지나갔으니 보라 새 것이 되었도다 고후 5:17

정리해보자. 하나님은 역사의 주인이시다. 그리스도인은 기독교 역사관을 가지고 있다. 이는 구속사관, 섭리사관, 그리고 목적론적사관이다.

구속사관은, 역사란 하나님의 창조, 하나님을 떠난 인간의 타락, 예수 그리스도를 통한 구원의 과정임을 믿는 것을 의미한다.

섭리사관은, 역사의 동인되시고 주체자가 되시는 하나님이 역사의 모든 과정에서 섭리하심을 믿는 것이다.

목적론적사관은, 역사가 하나님의 목표인 하나님의 나라를 향해 전진한다는 것을 믿는 것이다.

독일 근대철학을 집대성한 게오르그 헤겔은 1821년 《법철학》 서문에서 흥미로운 선언을 했다.

"미네르바의 부엉이는 황혼이 되어서야 날아오른다."

이 경구는 서양철학사에 있어 매우 의미심장한 문장이 되었다. '미네르바'는 그리스로마 신화에 등장하는 올림포스 12신 중 하나인 '아테나'의 로마식 표기다.

세상을 살피고 세상에 신의 말을 전하는 사자이자 전령이었다. '미네르바의 부엉이' 참 많은 영역에서 인용되고 각자의 관점으로 해석했다. 지성과 지혜를 상징하는 미네르바의 부엉이는 황혼이 되어서야 날아오른다.

마치 태양의 모습을 제대로 보는 것은 일출 때가 아니라 황혼 녘이듯이, 어떤 시대나 사건의 본질 참모습은 그 사태의 말미에 가서야 비로소 제대로 된 자기 모습을 드러낸다는 의미다. 역사가들의 해석은 사건이 다 지난 후에 "아하! 그래서 그랬었구나!" 하는 경우가 대부분이다.

역사도 인간의 삶도 미네르바의 부엉이와 같다. 인생을 마감할 때에야 비로소 인생에 대해 조금 알 수 있다. 인생에서 가장 안타까울 때는, 이제야 무엇이 참이고 거짓이고 무엇이 영원하고 썩어질 것인지를 깨닫게 되었는데, 이제 남은 시간이 없는 경우이다.

미네르바의 부엉이는 황혼이 되어서야 날아오른다. 그러나 성경은 앞으로의 일 뿐 아니라 죽은 후의 일에 대해서도 명확히 말하고 있다. 그 어느 역사가도 예측할 수 없는 일을 성경은 정확히 말하고 있다. 늦기 전에 후회하기 전에 하나님의 말씀인 성경의 가르침에 귀를 기울여 사는 것이 가장 지혜로운 삶이다.

너희는 스스로 조심하라 그렇지 않으면 방탕함과 술 취함과 생활의 염려로 마음이 둔하여지고 뜻밖에 그 날이 덫과 같이 너희에게 임하리라 눅 21:34

김훈 | 칼의 노래

칼보다 강했던
침묵의 힘

세상은 칼로써 막아낼 수 없고 칼로써 헤쳐 나갈 수 없는 곳이었다. 칼이 닿지 않고 화살이 미치지 못하는 저쪽에서, 세상은 뒤채이며 무너져갔고, 죽어서 돌아서는 자들 앞에서 칼은 속수무책이었다. 목숨을 벨 수는 있지만 죽음을 벨 수는 없었다.[46]

"일휘소탕 혈염산하"—揮掃蕩 血染山河, 한번 휘둘러 쓸어버리니 피가 강산을 물들이도다

이순신 장군의 검명(劍名)이다.

"천하포무" 天下布武, 무(武)를 천하에 펼쳐서 난세를 치세로 바꾼다

도요토미 히데요시의 검명이다.

칼이 춤을 추고 칼이 승리를 하여 마침내 부르는 칼의 노래가 승전가인 줄 알았는데, 이순신은 칼로 베어지지 않는 것들이 너무 많다는 것을 느끼며 흐느낀다. '칼의 노래'를 부른 것이 아니라 '칼의 눈물'을 흘린 것이다.

칼로 전쟁과 인생을 이길 수 있다면, 머리카락도 둘로 나눈다는 취모검(吹毛劍)을 구하고, 팔뚝의 힘을 기르고 날마다 예리하게 칼날을 갈면 될 것이다. 그러나 인간사는 부조리 투성이다. 부조리의 문제는 칼로 벤다고 해결될 수 없다. 무엇을 베야 할지 모르고, 문제를 베고 또 베도 또 자라나는 괴룡(怪龍) 히드라의 머리 같은 것이 인생이다.

칼의 눈물

소설은 이순신이 정유년 4월 초하룻날 풀려나 백의종군하는 대목에서 시작된다. 이순신은 조정을 능멸하고 임금을 기만했으며 조정의 출격 명령에 따르지 않았다는 죄목으로 삼도수군통제사의 소임을 원균에게 넘겨주고 의금부로 압송되었다.

왜군과 싸우기만 하면 되는 일이 아니었다. 당시 임금인 선조와 신료들은 백성으로부터 큰 불신을 받고 있었다. 이순신은 승승장구하면서 선조의 견제를 받았다.

한명기 교수의 《임진왜란과 한중관계》를 보면 당시 상황을 이렇게 묘사했다.

선조와 조정의 신료들은 또한 파천 도중에 자신들에게 적의를 품고 그것을 직접 행동으로 표출하는 백성의 행동을 목도했다. 개성에서는 다시 북으로 옮겨가는 임금의 가마에 돌이 날아드는가 하면(중략), 의주에 도착하기 직전 선조가 머물렀던 평안도 숙천(肅川)에서는 백성 가운데, 왕이 가고 있는 방향을 고의로 일본군에게 알려주기 위해 벽에다가 '대가(大駕)가 강계(江界)로 가지 않고 의주로 갔다'고 써 놓은 자도 있었다.[47]

뿐만 아니다. 평양에 머물던 중전이 함흥으로 옮기려 하자 평양 백성이 궁료(宮僚)들을 공격하고, 중전이 타고 있는 말을 때렸다. 함경도에서는 왕자 임해군과 순화군이 아전인 국경인(鞠景仁)에 의해 사로잡혀 일본군에게 넘겨진다. 다시 말해 임진왜란은 왜군보다도, 내부의 불신(不信)이 더욱더 큰 난리였다. 이런 상황 속에 연전연승을 하던 이순신은 온 백성의 주목을 받았고, 이는 곧 선조의 심한 견제로 이어졌다. 선조는 이순신을 잠재적 반역자로서 의심했다. 그런데 왜군을 막기 위해서는 이순신에게 의지할 수밖에 없었다.

"그러므로 나를 살려준 것은 결국은 적이었다."

이 역설적인 현실 속에서 이순신의 칼은 늘 고뇌에 젖었다.

그렇다면 임진왜란에 참여했던 일본 군사들을 어땠을까? 조선에서 성리학이 절정을 달리던 16세기, 일본은 전국시대가 시작되면서 각 지역의 영주들이 실권을 갖기 위해 피비린내 나는 싸움을 하고 있었다. 하급 무사의 아들이었던 도요토미 히데요시는 끝이 안 보이던 이 전쟁을 종식시키며 스스로를 태양의 아들이라 칭한다. 그리고 명나라와 조선으로 시선을 돌려 임진왜란을 일으킨다.

그는 왜 임진왜란을 일으켰을까? 여러 가지 설이 있다. 이른바 히데요시 노망설이라고, 뒤늦게 얻은 아들 츠루마츠가 죽는 비통함 때문이라는 설도 있고, 유력 다이묘(영주, 무사들의 우두머리)들의 세력을 약화시키고 입지를 다지기 위해서, 즉 내부 갈등을 밖으로 돌리기 위함이라는 설, 해외무역을 장악하기 위해서라는 설, 자신의 주군이었던 오다 노부나가의 대륙 진출 계획을 실현하려 했다는 설, 본인의 야욕을 위해서였다는 설….

전쟁의 원인은 한 가지가 아니라 복합적이다. 이 모든 원인들이 어우러져 있다. 이 중에서 두 번째 이유를 주목해보자. 도요토미 히데요시는 일본 전역을 손에 넣었지만 곧 문제에 직면하게 된다. 당시 주군은 충성의 대가로 신하와 무사들이 생계를 꾸릴 수 있도록 영지를 나누어주어야 했다. 그러나 영지가 없었던 것이다. 생계를 책임지지 못하는 주군에 대한 불만이 쌓이게 되면 반란이 일어날 수도 있었다. 히데요시는 이를 방지하고 아울러 해외의 영토를 정복하여 이를 영주들과 무사들에게 나누어줌으로써 불만을 잠재우고 권력을 더욱 튼튼히 다지려 했다. 또한, 100년이나 전쟁을 치른 일본 전역의 넘치는 군사력을 해외로 돌리면 상대적으로 국내는 안전해지는 효과도 노릴 수 있었다. 이에 히데요시는 임진왜란을 일으키고, 전쟁의 선봉에 자신을 반대하던 무사들을 세운다. 적의 힘을 빌려 반대파를 제거하려는 것이다. 실제로 도요토미 히데요시를 위협할 수 있었던 세력들은 대부분 임진왜란을 거치면서 약해진다. 일본 군사도 정말 웃기는 전쟁을 한 것이다.

그리하여 임진왜란에 참전해 죽은 스물여섯 살 왜군 적 척후장의 검명은 이러했다.

"말은 비에 젖고, 청춘은 피에 젖는구나."

이순신도 왜군도 모두 칼의 눈물을 흘린 것이다.

침묵으로 이끈 대승리

이러한 선조의 견제 속에 이순신은 왕명을 어기고 조정을 능멸했다는 이유로 옥살이를 하게 된다.

이순신의 《난중일기》(亂中日記)는 마치 섬세한 문학소녀가 기록한 듯 세밀하다. 그러나 자신이 억울한 옥고를 치른 이야기가 나오지 않는다. 《칼의 노래》 작가 김훈은 바로 이 점에서 전율을 느꼈다고 했다. 그의 이야기를 들어보자. 2012년 현충사, 〈김훈 작가에게 듣는 이순신 이야기 '내가 만난 이순신'〉 중에 나오는 대담 내용이다.

소설에 차마 못썼던 중요한 대목이 있으니 바로 그분의 침묵입니다. 한산도에서 서울로 끌려간 이순신은 임금의 명령을 따르지 않고 조정을 능멸했다는 누명을 쓰게 되어 통제사직을 박탈당하고 백의종군의 명령을 받게 됩니다. … (중략) … 이순신도 사람인데, 연전연승하는 장군을 고문으로 몸을 망가뜨리고 군인의 명예를 다 짓밟아 다시 전쟁터로 나가라고 한다면 조선의 왕과, 정치권력에 대한 증오심과 적개심이 있었을 것입니다. 하지만 (중략) 취중(醉中)에도 그 일에 대해 단 한마디 말씀을 한 적이 없는 것이죠. 죽을 때까지, 그렇게 기록을 좋아하시는 분이 일기나 편지에도 그 일을 쓴 적이 없습니다. … (중략) … 그분은 그렇게 가슴에 다 묻고 간 것입니다. 그런 침묵을 바탕으로 명량에서 이기게 됩니다.

연전연승하는 장군을 고문으로 망가뜨리고 군인의 명예를 다 짓밟고는 다시 전쟁터로 나가라고 한 조선의 왕과, 정치권력. 기록을 좋아하던 이순신인데 취중(醉中)에라도 그 증오심과 억울함을 한 글자도 남기지 않았다. 발설할 충분한 상황 속에서도 무섭도록 경외스러운 그 침묵이 대승(大勝)을 이끌었다.
  중국 당나라 시인 백거이(白居易)의 시 〈비파행〉(琵琶行) 중에 이런 구절이 나온다.

  이 순간
  소리가 없음이

세상의 모든 소리를 이기네 此時無聲勝有聲

배경이 없으면 꽃이 풍경으로 피어나지 못하듯이 말 또한 침묵의 배경이 없으면 깊이가 없다. '침묵이 금'이라는 말은, 말을 하지 말라는 의미가 아니라 침묵보다 더 나은 말이 있으면 하라는 뜻이다. 말을 배우는 데는 2년밖에 안 걸리지만 침묵을 배우는 데는 오랜 시간이 걸린다. 평생 배우지 못하는 사람도 많다. 침묵은 말없이도 무겁다. 그러나 말은 침묵의 배경이 없으면 깊이가 없다.

우리나라 역사상 가장 아름다운 침묵은 이순신의 침묵이다. 그 침묵의 힘으로 나라를 지켜냈다.

인류 역사상 가장 아름다운 침묵은 예수님의 침묵이다. 그 침묵하심으로 우리를 구원하셨다.

유대의 신앙 지도자들은 예수님을 모함하여 유대 총독인 빌라도에게 넘겼다. 당시 유대는 로마의 속국이었기에 사형을 선고하고 집행할 권한이 없었다. 대제사장들은 빌라도에게 예수님을 넘겨 사형을 요구한다. 이에 빌라도는 부당하게 끌려온 예수께 묻는다.

"네가 유대인의 왕이냐?"

예수님이 대답하신다.

"네 말이 옳도다."

이후 빌라도는 계속해서 여러 고발 사항에 대해 예수께 묻는다. 그러자 예수님은 아무 말씀도 하지 않으셨다.

예수께서 다시 아무 말씀으로도 대답하지 아니하시니 빌라도가 놀랍게 여기더라 막 15:5

예수님은 지금 자신이 부당하게 끌려온 사실에 대해 변호해야 할 상황이다. 노련한 빌라도는 이러한 경우 피고인이 얼마나 구구절절하게 자신을 변호하는지 잘 알고 있었다. 예수님은 빌라도 앞에서 이렇게 충분히 자신을 변호하실 수 있었다.

"빌라도, 그대는 내가 누군지 어렴풋이 느끼지 않는가? 그리고 이제껏 수많은 재판을 해왔던 노련한 그대는 내가 아무 죄가 없다는 것도 알 것이다. 유대 지도자들이 나를 모함해서 이 자리에 오게 된 것을 그대는 누구보다도 잘 알 것이다. 날 풀어다오."

그러나 예수님은 변호 대신 침묵하셨다. 예수님의 이런 태도를 보고 빌라도는 큰 놀라움을 느낀다. 예수님의 침묵이 우레와 같은 울림을 준 것이다.

어린 양의 침묵이 가져온 구원

예수님은 왜 생과 사의 결정적인 갈림길에서 침묵하셨는가? 저들의 모욕과 조롱과 말도 안되는 누명을 왜 변론하지 않으셨을까? 예수님은 십자가의 길이 자신이 가야 하는 길임을 잘 알고 계셨다. 이 길이 하늘 아버지의 뜻인 것을 아셨다. 그래서 변호 대신에 묵묵히 십자가를 지셨다.

마침내 예수님이 십자가에 달리셨다. 만일 이때 예수님이 억울하고 괘씸하다며 하늘에서 벼락을 몰고 오면서 유대인 지도자들과 로마 군인들을 휩쓸었다면, 길거리의 온 뱀을 괴룡(怪龍)으로 바꾸어 불을 뿜게 했다면, 속은 시원할망정 우리에게 구원은 없었을 것이다. 예수님은 하늘의 괴력을 발휘하는 대신에 침묵하시며 하늘 아버지의 뜻 앞에 순종하셨다. 하나님이 이사야 선지자를 통해 말씀하셨듯이, 털 깎는 자 앞에서도 잠잠한 양처럼 침묵하시며 십자가를 지셨다. 세상의 모든 소리를 이기는 그 침묵이 우릴 구원했다.

그가 곤욕을 당하여 괴로울 때에도 그의 입을 열지 아니하였음이여 마치 도수장으로 끌려가는 어린 양과 털 깎는 자 앞에서 잠잠한 양 같이 그의 입을 열지 아니하였도다 사 53:7

어린 양 예수님의 침묵은 오늘과 내일의 하나님 나라를 여는 천근같은 몸짓이었다. 십자가를 지시기 전, 예수님을 잡으러 온 대제사장의 종 말고의 귀를 자른 베드로에게 주님은 말씀하셨다.
"칼을 집어넣으라!"
칼의 노래, 칼의 힘은 잠깐이다. 십자가의 사랑은 영원하다.

예수님이 십자가를 지실 때 제자들은 모두 도망갔다. 예수님은 부활하신 후 자신을 배신했던 제자들을 다시 찾아오셨다. 그리고 조반을 만들어 놓으신 후 "와서 먹으라"라고 하셨다. 제자들에게 왜 나를 배신했었냐고 말씀하시지 않았다. 또다시 침묵하신 것이다. 이 침묵이 큰 사랑이었다. 다시 기회를 주시는 하나님의 배려였다. 이 침묵의 사랑이 제자들을 살렸고, 지금 우리를 살리고 있다.

칼보다 강했던 침묵, 사랑의 침묵이.

김윤희 | **아무개 평전**

시계는 좋은데
나침반이 없는 사람

 좀처럼 맞추기 어려운 퀴즈가 있다. 많은 사람들에게 이 퀴즈를 냈지만 맞춘 사람은 한 사람도 없었다. 심지어는 언론인들의 모임에서도 이 퀴즈를 맞춘 사람은 없었다. 자, 지금부터 말하는 '그'는 누구일까?

 그는 스물네 살 때 과거 문과에 급제하여 관계로 진출한다. 고종의 총애를 받으며 관직에 진출한 지 3년 만에, 정3품에 오른다. 당시 세자인 순종의 스승이 된다. 그의 나이가 서른이 되었을 때, 고종은 최초의 근대적 교육기관인 육영공원(育英公院)에 그를 보내 영어를 배우게 하고, 1888년 주미공사에 외교관으로 파견해 세계 정세를 파악하게 한다.

 귀국 후에는 주한미국공사 알렌 선교사의 적극적인 후원을 받는다. 명성황후가 시해 당한 을미사변 때는 고종이 러시아 공사관으로 피신해 국정을 보게 된 '아관파천'을 주도했다.

그는 시와 글씨를 즐겼다. 전국을 유람할 때도 시를 짓고 글씨를 쓰는 풍류 속에 살았다. 서화미술원의 시회에 참석하여 시를 짓기도 했고, 1922년 최초로 열린 조선미술전람회에서 서예 부문 심사를 맡기도 했다. 사망할 때까지 이 전람회의 서예 부문 주임으로 활동했다. 그 자신 또한 서예 작품을 수집하기를 즐겼다.

그는 1896년 2월 독립협회 결성에 참가했으며 위원장으로 선출되었고, 1898년 2월 회장에 피선되어 7월까지 독립협회 회장으로 활동했다. 그는 독립협회에 100원의 거액을 자진 납부하며 독립문을 세우는 일에 앞장섰다. 그리고 1896년 11월 독립문에 주춧돌을 놓는 행사에서 다음과 같은 기조 연설을 하여 우레와 같은 갈채를 받았다.

> 독립을 하면 나라가 미국과 같이 세계에 부강한 나라가 될 터이요, 만일 조선 인민이 합심을 못하여 서로 싸우고 서로 해하려고 할 지경이면 구라파에 있는 폴란드란 나라 모양으로 모두 찢겨 남의 종이 될 터이다. … (중략) … 조선 사람들은 독립하여 미국같이 되기를 바라노라.

탁월함은 기준이 되지 못한다

여기서 '그'는 누구일까? 단재 신채호, 송재 서재필, 도산 안창호, 월남 이상재, 백범 김구? 모두 아니다. 그는 이완용이다. 나라 팔아먹은 매국노의 상징으로 두고두고 회자 되는 이완용 말이다.

김윤희 교수가 쓴 책의 진짜 제목은 《이완용 평전》이다. 이 책을 《아무개 평전》이라고 소개한 것은 선입관을 지우고 그의 객관적인 이력을 보면서 교훈을 얻고자 함이었다.

그는 괴물이 아니었다. 차라리 그가 괴물이었으면 좋겠는데 말이다. 그는 당시 최고의 엘리트였다. 그러나 그 탁월한 능력으로 사욕을 좇았고, 마침내 나라를 팔아먹은 역적의 상징이 되었다. 실력은 좋았으나 방향이 잘못된 것이다. 시계는 정확했으나 나침반이 없었던 것이다.

이완용은 나라를 팔아먹은 대가로 1910년 일본으로부터 백작 지위와 함께 당시 돈 15만 원을 은사공채(恩賜公債)로 받았고, 조선귀족관광단으로 일본을 유람했으며, 1920년에는 후작으로 승격되었고, 1926년 그가 죽은 후에는 작위가 그의 손자에게까지 세습되었다.

이완용은 탁월한 촉각이 있었다. 어디에 힘이 쏠리는지 감각적으로 알았다. 그러나 당시의 국정을 책임지고 있던 대신으로서 뚜렷한 역사의식과 자기성찰이 부재했다. 나라의 장래와 백성의 피눈물은 외면하고, 자신의 안위와 이익에 따라 기회주의적으로 처신한 '변신의 귀재'였다.

1926년 2월 11일 이완용이 죽었다. 그가 죽은 지 이틀 후인 2월 13일 동아일보는 "무슨 낯으로 이 길을 떠나가나"라는 제목의 논설을 실었다.

누가 팔지 못할 것을 팔아서 능히 누리지 못할 것을 누린 자냐? 살아서 누린 것이 얼마나 대단했는지 이제부터 받을 일 이것이 진실로 기막히지 아니하랴, … (중략) … 앙탈하더니 책벌을 이제부터는 영원히 받아야지.

팔지 말아야 할 나라를 팔고, 누리지 말아야 할 더러운 영광을 누렸으니 이제부터는 영원한 벌이 임한다는 것이다. 이후로 이완용의 죽음은 더욱 희화화되었다. 《개벽》에서는 이렇게 조롱했다.

경성의 청소부들은 또 '이제부터는 공동변소의 벽이 깨끗해지겠으니 무엇보다 좋겠다'라고 치하하겠지.

당시 경성에서는 공동화장실을 '이·박 요리집'이라고 했는데 이는 이완용과 박제순을 가르치는 말로, 이들이 똥을 먹는 개라는 뜻이었다. 공동화장실의 벽에는 이들을 욕하는 글로 가득했다. 그의 죽음에 백성은 마음껏 조롱했다. 그리고 끝내는 1979년에 이완용의 증손인 이석형에 의해 전북 익산에 있던 그의 묘가 파

헤쳐져 화장당하는 수난을 당했다(《시사저널》 1992년 8월 27일).

그는 탁월했고 총명했다. 그러나 '방향'이 잘못되었다.

과녁을 벗어난 죄

성경에서 말하는 대표적인 '죄', 즉 히브리어의 '하타', 헬라어의 '하마르티아'라는 말의 근본 개념은 '올바른 방향, 올바른 과녁을 벗어난 것'을 의미한다. 하나님의 형상대로 지음을 받은 인간은, 하나님과 동행하며, 하나님을 바라보며 살아야 참 자유가 있다. 그러나 인간은 하나님을 떠나 하나님께 부여받은 그 탁월한 능력으로, 자신이 주인이 되어 살아갔다. 성경은 이것을 '죄'라고 한다.

《이완용 평전》을 지은 또 한 사람의 작가 윤덕한에 의하면, 이완용은 술도 여자도 모르고 시문과 서예를 낙으로 삼았다고 한다. 또한 동아일보 기사 등을 근거로 독립문의 편액이 이완용이 쓴 것이라고 주장했다(물론, 이 주장은 많은 논란이 있다). 이완용은 이렇듯 뛰어난 실력이 있었다. 그러나 그 실력의 방향이 잘못되었다. 그 탁월한 실력으로 자신의 사욕을 좇았다.

그는 시를 잘 짓고 서예 솜씨도 뛰어났다. 어학도 뛰어났다. 그가 설사 그림도 잘 그리고, 노래까지 잘한다고 할지라도, 방향이 잘못된 그는 역적일 뿐이다. 그의 서예와 문장 솜씨는 일본 천황에게도 알려져서 다이 쇼 천황은 이완용의 필법을 보고 싶다면서 그에게 휘호를 써 보내라고 했다. 데라우치 통감이 천황에게 보낼 글씨를 받기 위해 비단 한 필을 그에게 보낼 정도였다. 이에 이완용은 천황의 통치를 찬양하는 14자의 시를 적어 보냈다.

"未離海底千山暗 及到天中萬國明"미이해저천산암 급도천중만국명, 바다 속을 벗어나지 못해 온 세상이 캄캄했는데, 하늘 가운데 이르러 온 세상이 밝아졌네

이 시는 천황의 통치를 입어 세상이 밝아졌다는 의미이다. 글을 참 잘 썼다. 문장도 좋다. 그러나 다시 말한다. 최고의 문장과 최고의 서예 솜씨로 일본 천황을 찬양하는 글을 보냈다면 그것이 옳은 방향인가? 그가 아무리 훌륭해도 그는 나라 팔아먹은 역적이다.

마찬가지이다. 한 인간이 아무리 탁월하고 뛰어난 그 무엇을 이루었다 할지라도, 그 방향이 잘못되어 있으면, 즉 하나님을 떠나 있으면 '죄인'이라는 것이 성경의 선언이다.

죄에 대하여라 함은 그들이 나를 믿지 아니함이요 요 16:9

죽도록 미쳐도 후회 없는 진리를 붙들라

중국의 어느 부자 이야기이다. 한 부자가 초나라를 향하여 여행길에 올랐다. 여정 중에 잠시 쉬고 있는데, 그 지방 사람이 말을 걸어왔다.

"어디를 가시는 중입니까?"

"네, 초나라로 가는 중입니다."

"초나라요? 초나라는 남쪽으로 가야 하는데요."

"아, 그래요? 아무 걱정 없습니다. 여행 준비를 철저히 했습니다."

"그 말씀이 아니라, 초나라는 남쪽에 있다고요. 지금 북쪽으로 가고 계시니 하는 말입니다."

"걱정하실 것 없습니다. 제 마차의 말들은 아주 튼튼합니다. 게다가 빠르기까지 해요."

"지금 방향에 대해서 말씀드리고 있습니다. 남쪽으로 가셔야 한다는 말입니다."

"네, 알았습니다. 그러나 걱정하실 것 없습니다. 우리 마부는 가장 유능한 마부이니까요."

아무리 철저한 준비를 하고 훌륭한 말과 마차, 유능한 마부가 있다고 하더라도 방향이 틀리면 아무것도 아니다. 마찬가지다 아무리 유능한 실력, 자신만의 낭만, 자존감이 넘치더라도 하나님을 떠나 있으면 아무것도 아니다.

속도보다 중요한 것은 방향이다. 시계보다도 중요한 것은 방향을 가리키는 나침반이다. 시계는 효율성과 능력을 의미한다. 시계는 나침반 후에 필요하다. 나침반 없이 시계만 있다면, 우샤인 볼트가 절벽을 향해 100미터 달리기를 하는 것과 같다. 이른바 승리 공식으로 일컬어지는 '일만 시간의 법칙'은 일만 시간을 한 곳에 미쳐야 보이는 세계를 말한다.

미쳤다는 것은 '깊이'를 의미한다. 그런데 '깊이'보다 중요한 것은 '방향'이다. 도박에 미친 사람이 도박에 대해 아무리 깊이 있게 말해도, 그 깊이는 악의 깊이일 뿐이다.

인생은 사막을 건너는 것과 같다. 사막을 건너는 데 시계, 지도, 나침반 중에 하나를 고르라면 당연히 나침반을 선택해야 한다. 사막 속에서 아무리 정밀한 지도(地圖)가 있다 해도 소용없다. 바람이 심하게 한 번 불면, 있던 언덕도 없어지고 없던 언덕도 생겨나는 곳이 사막이다. 길을 모르니 시계 또한 무용지물이다. 하지만 나침반이 있으면 된다. 나침반을 따라가면 된다.

이완용은 좋은 지도와 시계도 있었는데, 나침반이 없었다. 그래서 좋은 지도와 시계를 가지고도 나라 팔아먹은 역적이 되었다. 사람도 마찬가지이다. 하나님을 향하는 나침반, 즉 우리를 지으시고 이 땅에 보내신 하나님께 대한 믿음이 없으면 아무리 좋은 능력을 가지고 있어도 죄인일 뿐이다.

밤하늘의 북극성을 보는 자에게는 밤이 밤이 아니다. 밤바다 속에 등대를 보는 자에게는 어둠이 어둠이 아니다. 미로 같고 칠흑 같은 현실 속에서도 하나님을 바라보는 자는 밤에도 어둠에도 갇히지 않는다.

올바른 방향, 죽도록 미쳐도 후회가 없는 진리를 발견하고, 그 진리를 위해 미치도록 달려가는 사람이 가장 행복한 사람이다.

이태진, 조동성 | **이토 히로부미 안중근을 쏘다**

자존감은
존재의 집

　안중근 의사가 뤼순 감옥에서 순국한 지 100주년이 된 2010년에, 주목할 만한 책이 출판되었다: 《이토 히로부미 안중근을 쏘다》.

　역사학자 이태진 교수와 안중근 의사의 어머니인 조마리아의 후손 조동성 교수가 함께 쓴 이 책은, 제목이 너무나 아이러니하다. 안중근이 이토 히로부미를 쏘았는데, 이토 히로부미가 안중근을 쏘다니.

　이 역설적인 제목은 안중근 의사의 둘째 아들 안준생의 변절을 말한다. 안중근의 하얼빈 거사 30년 후인 1939년 10월 16일, 안준생은 일본이 이토 히로부미를 기념하기 위해 남산에 세운 박문사라는 절에서 이토 히로부미의 아들 이토 히로쿠니에게 사죄를 한다.

"아버지를 용서하소서!"

일본 신문들은 일제히 "테러리스트 안중근의 아들이 아비 대신 용서를 구했다!"라면서 대서특필했다. 한국은 테러를 저지른 나라, 일본은 그 테러를 용서한 나라로 프레임이 짜진 것이다.

이어 안준생은 조선 총독 미나미 지로의 양아들이 된다. 미나미 지로는 7대 조선총독으로 창씨개명(創氏改名)과 내선일체(內鮮一體)를 시행한 가장 악독한 총독이었다. 이 소식을 들은 김구 선생은 더러운 변절자를 처형해야 한다고 분개했다. 나라를 팔고 아비를 판 더러운 자식, 변절자, 호부견자(虎父犬子) 즉, 호랑이 같은 아비에 개와 같은 자식! 안준생에 쏟아진 비난이다.

대륙 중국도 하지 못했던 거사를 이룬 영웅이 안중근이다. 그는 이순신 장군 이래로 일본으로서는 가장 미우면서도 큰 인물이었다. 뤼순 감옥에서 안중근을 지키던 헌병 치바 도시치가 안중근을 존경하여 그의 유묵과 위패를 집에 모실 정도였다.

사탄의 집중 공격 목표

침략의 원흉이던 이토 히로부미를 암살한 안중근은 뤼순 감옥에 투옥된다. 형무소를 지키던 헌병 치바는 안중근을 감시하라는 임무를 받는다. 치바는 처음에는 일본의 영웅을 죽인 안중근에게 적개심을 가졌다. 그러나 점차 안중근이 행한 거사의 대의명분과 동양평화 철학을 들었다. 옥중 생활과 사형을 판결하는 재판정에서도 꺾이지 않는 의연한 지조를 보았다. 그리고 그의 인간적 품위를 접하면서 그를 깊이 존경하게 되었다.

치바 도시치는 사형 직전 안중근에게 받은 '위국헌신군인본분'爲國獻身軍人本分, 즉 "국가를 위해 목숨을 바치는 것은 군인의 본분이다"라는 유묵을 죽을 때까지 간직했다.

안 의사 사형 이후 제대를 자청해 고향 미야기현 센다이로 돌아온 치바는 철도원과 경찰로 일하며 49세 젊은 나이로 세상을 떠날 때까지 집안에 단을 만들어 안 의사의 초상과 위패와 필묵을 두고 하루도 빠짐없이 기렸다. 아내 치바 기츠요와 그의 자식까지도 치바의 유언을 받들어 그러했다. 안중근이 이 정도로 큰 인물이었던 것이다.

안중근으로 인해 한국의 민족정신과 자긍심이 한없이 타오르는 상황이었다. 이에 일제는 계략을 짠다. 바로 안중근 의사의 아들을 변절자로 만들어, 한국의 자존감을 추락시키는 것이다.

안 의사의 가족은 일본 탄압과 감시 속에 평생을 힘겹게 살았다. 안중근의 큰 아들은 겨우 일곱 살 때 누군가 준 과자를 먹고 독살이 아닐까 의심스러운 죽음을 당한다. 둘째 아들 안준생은 일제의 끝없는 협박과 회유 속에서 아버지 안중근을 부정하고, 겨레를 더럽히는 선택을 하게 된다. 이로써 일제는 안중근 의사로 인해 타올랐던 한국의 자존감을 무너뜨린 것이다.

이것이 사탄이 성도에게 쓰는 계략이다. 사탄은 성도의 자존감을 떨어뜨려 무기력하게 만든다. 과거의 실패, 죄악, 배신 등 쓰라린 기억 속에 영혼을 묶고, 다른 사람과의 끝없는 비교 속에 초라함을 느끼게 함으로 진흙탕 같은 자존감 속에 살게 한다.

> 사람이 먼저 강한 자를 결박하지 않고야 어떻게 그 강한 자의 집에 들어가 그 세간을 늑탈하겠느냐? 결박한 후에야 그 집을 늑탈하리라 마 12:29

한 집안을 몰락시키기 위해 먼저 집안의 강한 자인 가장을 넘어뜨리면 용이하다. 교회를 무너뜨리기 위해서는 담임 목사를 먼저 넘어뜨리면 뒷일은 여반장(如反掌)이다. 강한 자, 즉 권위자를 무너뜨리고 나면 공동체는 여지없이 혼란에 빠진다.

마찬가지이다. 한 개인을 무너뜨리기 위해 마귀는 그 사람이 가지고 있는 가장 강한 것을 결박한다. 한 사람을 지탱하고 있는 가장 강한 것이 무엇인가? 소유, 체험하고 성취한 것들, 인간관계, 건강, 명예가 다 중요하지만 가장 소중한 것은 바로 건강한 자아, 즉 '자존감'이다. 이게 무너지면 모든 게 무너진다. 마귀가 한 사람을 몰락시키는 방법이 바로 그의 자존감을 무너뜨리는 것이다.

《맹자》(孟子)의 '이루상'(離婁上) 편에 이런 구절이 나온다.

人必自侮然後人侮之; 家必自毁而後人毁之; 國必自伐而後人

伐之. (인필자모연후인모지; 가필자훼이후인훼지; 국필자벌이후인벌지): 사람이 자신을 업신여기게 되면, 그런 후엔 틀림없이 다른 사람이 그를 업신여기게 되고, 집안이 자기 스스로 훼파된다면 남들이 그 집안을 무너뜨리며, 나라가 자기 스스로를 치게 되면 타국이 그 나라를 치게 되느니.

자기 스스로를 업신여겨 마구 행동하고 마구 말하는 사람이 있다고 하자. 이렇듯 스스로를 천박스러운 것에 방치하면, 사람들이 그를 업신여긴다는 것이다. 결국 사람들이 나를 가벼이 여기는 것은 먼저 자신 스스로가 자신을 업신여긴 결과라는 것이다. 한 가정도 그러하고 한 국가도 그러하다. 심지어는 나이 드신 할아버지 할머니에게도 자존감은 너무나 중요하다.

강춘자 할머니가 지은 〈무서운 손자〉라는 시가 있다.

어릴 적
할머니 다리에 누워
옛날 얘기를 들으며
잠이 들곤 했었는데

우리 손주는
책을 가져와
읽어달라고 하니

무서워 죽겠다.

말로 하는 이야기라면,
손으로 하는 음식이라면
손주 놈이 해달라는 대로 해줄 수 있으련만

달려가 보듬어 안고파도
손주 놈 손에 들린
동화책이 무서워
부엌에서 나가질 못한다

 이야기는 마음껏 해줄 수 있지만, 맛난 음식도 해줄 수 있지만, 책을 읽어 줄 수 없는 할머니에게 눈치 없는 손주 놈은 자꾸 동화책을 들고 온다. 봄바람 안듯이 폭삭 안고 싶은 손주 놈이지만 동화책이 무서워 할머니는 숨어 버린다.
 귀여운 시 같지만 장중한 시이다. 할머니에게도 무너지고 싶지 않은 자존감이 있다. 자존감은 존재의 집이다.

하나님의 걸작품들

 고대 이집트는 신의 이름이 파라오이고, 왕의 이름도 파라오였다. 왕이 곧 신의 형상이라는 것이다.

"신을 보고 싶은가? 그렇다면 왕을 보라! 그가 신의 형상이다." 바로 그 의미이다. 백성은 쫄따구이고 왕만이 신의 형상이면 백성의 자존감은 어떻겠는가. 그런데 하나님은 왕만이 신의 형상이 아니라, 우리 모두가 하나님의 형상이라고 하셨다.

> 하나님이 자기 형상 곧 하나님의 형상대로 사람을 창조하시되 남자와 여자를 창조하시고 창 1:27

이것이 우리가 자신감 있고 자존감 넘치게 살 수 있는 이유이다. 우리는 하나님의 형상, 하나님의 걸작품이다. 그러기에 모두 왕같이 살라고 하신다.

우리나라도 그러하다. 세계 교회사에서 유래를 찾아보기 어렵게, 선교사의 힘이 아닌 우리 스스로 최초의 소래교회를 세웠고, 세계 3대 부흥운동 중의 하나인 평양대부흥이 있었으며, 나라의 자주 독립을 위한 성도님들과 목사님들의 헌신이 있었다. 대한민국에서 태어났으면, "저는 예수님과 십자가에 대한 소식을 들어 본 적이 없었는데요" 하는 변명이 안 통할 정도로 전국의 깊은 산골까지 교회가 세워져 있다. 그리고 세계 곳곳에 선교하는 한국 교회를 보면, 분명 우리나라는 하나님의 걸작품이다.

자랑스런 안중근 의사로 인한 자존감을 무너뜨리려 한 일제처럼, 우리의 자존감을 추락시키려는 사탄의 그 어떤 계교에도 넘어가지 말아야 한다. 자존감은 존재의 집이다.

시오노 나나미 | **로마인 이야기**

성을 쌓지 말고
도로를 닦으라

기원전 3세기는 우연히도 지구의 동쪽과 서쪽에서 대규모 토목 사업이 시작된 시대이기도 하다. 동쪽에는 만리장성이 있다. 기원전 3세기의 진시황 시대에 건설된 것만이 아니라 16세기의 명나라 시대에 건설된 것까지 합하면 총길이는 무려 5천 킬로미터에 이른다. 서쪽에는 로마 가도가 있다. 기원전 3세기부터 서기 2세기까지 500년 동안 로마인이 건설한 도로의 총길이는 간선도로만 해도 8만 킬로미터, 지선도로까지 합하면 무려 15만 킬로미터에 이르렀다. 왜 중국과 로마는 국가 규모의 대규모 토목사업을 시작할 때. 한쪽은 방벽을 건설했고 또 한쪽은 가도를 건설했을까.[48]

달나라에서 지구를 보면 인간이 만든 두 개의 인공물이 보인다고 한다. 하나는 중국의 만리장성이고, 또 하나는 로마의 도로이다. 물론 웃자고 하는 소리일 것이지만, 이 둘이 인류의 역사에 끼친 영향은 크다.

같은 기술을 가지고 중국은 성을 쌓고, 로마는 도로를 닦았다. 초대 문화부장관을 역임한 지성계의 거장 이어령 교수도 이 두 생각의 차이가 서로 다른 역사와 문명을 낳게 되었다고 하면서, 성이 아니라 길이 중요하다고 했다.

길이 중요하다

기원전 3세기 동과 서에서는 대규모 토목사업이 시작됐다. 중국 진시황은 만리장성을 건설하기 시작했고, 로마제국은 이 시기부터 약 500년에 걸쳐 로마 가도를 만들었다. 진시황은 이민족을 막는 성벽을 쌓았고, 로마제국은 세계로 연결하는 길을 내었다.

로마 제국이 한창 번성할 때는 지중해 연안뿐만 아니라 유럽 땅을 거의 차지했다. 서쪽으로는 영국에서, 동쪽으로는 실크로드까지, 남쪽으로는 이집트에 이르는 광활한 영토를 다스렸다.

이런 발전의 견인차 역할을 한 것이 바로 도로망이다. 로마인들은 로마에서 시작하여 제국의 영토에 이르는 도로를 건설하여, 수송로를 만들었다. 도로는 적들이 침공할 때도 똑같이 이

용할 수가 있어, 위험성이 있는 양날의 칼이었다. 그러나 로마인들은 도로 건설을 선택했고, "모든 길은 로마로 통한다"All roads lead to Rome라는 유명한 말이 나오게 되었다. 그 열린 길로 수없이 새로운 바람을 맞았다. 그 바람을 맞으며 로마는 날로 신선해졌다. 이것이 로마가 흥왕한 이유 중의 하나이다. 약간 과장하면 오늘날 유럽의 간선도로는 2천 년 전 로마제국이 만든 길의 확충에 불과하다.

반면 중국은 로마와 같은 힘 로마와 같은 기술력으로 길을 막고 만리장성을 쌓았다. 이 차이가 중국과 로마의 운명을 갈랐다.

당시 중국인들은 자신들을 중화(中華), 즉 세계의 중심이고 우수한 나라라고 하면서 중화사상(中華思想)을 정체성으로 내세웠다. 이는 중국인들에게 자긍심을 주기도 하고, 폐쇄적이고 배타적인 사상이기도 한 양날의 칼이다.

중화사상에 따라 중국인들은 중국을 중심으로 놓고, 중국인 이외의 민족을 동이(東夷), 서융(西戎), 남만(南蠻), 북적(北狄)으로 불렀다. 이들 이름에는 벌레 충(蟲) 자나, 개 견(犬) 자를 집어넣어 명칭을 붙였다. 한 마디로 오랑캐라는 것이다. 특히 만리장성이 축조되면서 성 안에 있는 자신들은 중화, 성 밖에 있는 민족들은 오랑캐라고 더 확실히 분류했다. 성 안에 앉아서 바깥을 가리켜 '오랑캐'라고 부르는 순간, 오랑캐에게는 무슨 소통을 하며 무엇을 배울 수 있겠는가? 흑백 사진만 보면 장미꽃도

검다고 한다. 힘을 가지고 만리장성을 쌓고 앉아 있으면, 성 밖의 사람은 다 오랑캐로 보인다.

그러나 오랑캐로 불리던 흉노족, 선비족, 몽골족은 자유자재로 만리장성을 넘었다. 만리장성을 쌓기 위해 과도한 세금을 거두고 강제로 노동력을 동원한 것이 오히려 진나라 몰락의 씨앗이 되었던 것이다.

로마 왕정의 경우도, 6대 왕 세르비우스 툴리우스가 강한 성벽을 쌓았다. 따라서 다양성과 포용성의 소통과 교류가 힘들어지고, 편협된 사고로 흐르게 되었다. 그 결과 로마는 내부의 문제로 붕괴되기 시작하면서, 7대 왕인 타르퀴니우스 수페르부스 때 로마 왕정이 무너지고 공화정이 시작되었다.

같은 힘을 가지고 도로를 닦으면, 도로가에 있는 사람들은 모두 소통할 사람으로 보인다.

성을 쌓은 바리새인

만리장성을 쌓는 사람이 있고, 도로를 닦는 사람이 있다. 신약성경에 나오는 바리새인들은 전형적으로 성을 쌓은 사람들이었다.

> 바리새인은 서서 따로 기도하여 이르되 하나님이여 나는 다른 사람들 곧 토색, 불의, 간음을 하는 자들과 같지 아니하고 이

세리와도 같지 아니함을 감사하나이다 눅 18:11

사람들 중에는 네 부류가 있다. 눈치 보는 사람, 눈총 쏘는 사람, 눈빛이 빛나는 사람, 눈물을 흘릴 줄 아는 공감의 사람이 그들이다.

눈치 보는 사람은 만나기가 괴롭다. 눈빛 빛나는 사람을 만나면 왠지 기가 죽는다. 그보다 괴로운 사람은 눈총 쏘는 사람이다. 제일 만나고 싶은 사람은, 나를 공감하며 눈물을 흘릴 줄 아는 사람이다.

바리새인의 모습은 전형적으로 눈총 쏘는 사람, 만리장성을 쌓는 분리주의자의 모습이다. "너와 나는 달라"하면서 눈총을 날린다. 그는 '서서 따로' 기도했다. 기도의 내용도 그렇다. 다른 사람은 나쁜 사람 오랑캐, 자신은 좋은 사람이다. 우리 가운데 바리새인의 영성을 가지고 있는 사람들이 지금도 많다. 멋져 보이는 사람 같은데 이상한 것은 그 사람 옆에 있으면 다른 사람들이 나쁜 사람이 된다. 그 사람만 좋은 사람이고 나머지 사람들은 악질들이 되어버린다. 결국 이런 류의 사람을 만나기가 싫어진다.

길을 닦아 소통하신 예수님

반면에 예수님과 그 제자들은 도로를 뚫어 소통하는 사람들이었다. 예수님은 하나님과 인간, 인간과 인간의 모든 벽을 허무시고, 그 경계에 꽃을 피우셨다(엡 2:14).

사도행전 13장에 나오는 대표적인 초대교회인 안디옥교회를 보면, 예수님의 제자들이 얼마나 소통하고 도로를 닦는 존재들이었는가 하는 감동이 일어난다.

> 안디옥 교회에 선지자들과 교사들이 있으니 곧 바나바와 니게르라 하는 시므온과 구레네 사람 루기오와 분봉 왕 헤롯의 젖동생 마나엔과 및 사울이라 행 13:1

바나바, 시므온, 루기오, 마나엔, 사울. 이들은 초대교회 안디옥 교회의 리더 명단이다. 리더의 크기가 곧 공동체의 크기라는 말이 있다. 이들은 여러 만리장성 같은 벽을 넘으며 큰 공동체를 만들었다.

바나바는 유력 가문 출신의 레위인 다시 말해 정통파 유대인이었다. 또한 초대교회에 땅을 내놓을 만큼 부유했다. 니게르라는 시므온에 대해서는 이 구절 말고 성경에 다른 정보가 없다. 그런데 중요한 사실이 있다. 라틴어 '니게르'(niger)란 '검다'라는 뜻이다. 여기에서 파생된 말이 니그로(negro), 즉 흑인이다. 시므온은 흑인이었다. 2천 년 전 유대인들은 심한 인종차별주의자들이었다. 게다가 당시엔 노예제도가 있었고, 흑인은 거의 노예였다. 이렇듯 시므온은 당시에 비루한 존재였다.

구레네 사람 루기오를 보자. 구레네는 지금의 리비아이다. 그는 리비아 출신이라는 것 이외에는 달리 내세울 것이 없는 무명의 존재였다.

분봉왕 헤롯 안티파스의 젖동생 마나엔을 주목해보자. 젖동생으로 번역된 헬라어 '쉰트로포스'는 한 어머니의 젖을 먹고 자라난 친형제를 칭하기도 하지만, 어릴 적부터 단짝인 죽마고우를 뜻하기도 한다. 그가 헤롯의 동생이든 죽마고우이든 그가 로마의 지배 계층에 속해 있었음을 의미한다. 당시 유대인의 입장에서 본다면, 로마제국의 하수인으로 증오와 타파의 대상이었다. 또한 사울은 우리가 잘 알고 있듯이 교회를 진멸하려 했던 초대교회 제1의 대적이었다.

안디옥교회는 유력 가문 출신의 정통파 유대인인 바나바, 흑인 노예 출신의 시므온, 무명의 이방인 루기오, 유대인의 대적자였던 마나엔, 그리고 예수 그리스도의 대적이었던 바울이 예수 그리스도 안에서 한데 어우러져 일을 했다.

또한 안디옥교회에는 선지자와 교사 등 은사도 각각이었다. 안디옥교회는 한마디로 서로서로 만리장성을 쌓고 하나 될 수 없던 상황이었다. 그런데 이들은 예수님의 사랑 때문에 벽을 허물고 진정한 사랑과 소통의 공동체를 만들었다.

모든 경계에는 꽃이 핀다.

함민복 시인의 시 〈꽃〉에 나오는 구절이다. 너와 나, 안과 밖, 우리와 그들을 가르는 금이 '경계'이다. 그러나 시인의 눈에는 그 경계에 꽃이 피는 꿈을 꾼다.

또한 로버트 프로스트의 시 〈담을 고치며〉(mending wall)의 마지막에도 아름다운 구절이 나온다.

좋은 담이 좋은 이웃을 만드나니(Good fences make good neighbors)

담이 없으면 이웃이 아니라 한 집안이다. 이웃이 한 집안이 되었다고 해서 반드시 행복한 것도 아니고, 모든 이웃이 한 집안이 될 수도 없는 노릇이다. 담 없는 사회는 이상일 뿐이다. 담은 있을 수밖에 없다. 그러나 담은 충분히 낮아야 하고, 제주도 돌담처럼 구멍이 송송 뚫려 있어 바람이 자유롭게 넘나들면 더욱 좋을 것이다. 무엇보다 꽃담이면 최상이다. 꽃의 월담은 무죄이다.

인류의 역사는 길을 통해서 발전되어 왔다. 소금 장수의 길에서부터 이른바 비단 길이라 일컬어지는 실크로드, 그리고 황금 길과 석유 길, 그리고 지금은 인터넷과 방송이라는 무한한 길을 통하여 발전하고 있다. 독점, 소유의 시대에서 공유의 시대로, 닫힌 세계에서 열린 세계로, 수직 사회에서 수평 사회로, 승-패의 시대에서 같이 이기는 윈-윈(win-win)의 시대로 이동하고 있다.

남미(南美)에 있는 한 마리 나비의 날개 짓이 미국 캘리포니아에 토네이도를 몰고 올 수 있다는 '나비 효과'는 이미 수긍이 되는 이론이 되었다. 만리장성을 쌓아 수성(守城)하는데 힘쓰기보다는 길을 닦아 소통하는 것이 살 길이다. 지금의 중국은 만리장성을 허물고 얼마나 세계로 진출해 있는가.

하나님의 나라는 바벨탑과 같이 성을 쌓지 않는다. 누구든 하나님의 나라로 들어오라며 길을 연다. 하나님 나라의 길을 닦아 예수님을 전하는 것이 바로 전도요 선교이다. 움켜쥐려는 자는 쇠하고, 나누어주려는 자는 흥한다. 성을 쌓는 자는 쇠하고, 길을 닦는 자, 그리고 그 길로 복음을 전하는 자는 흥한다.

좋은 소식을 전하며 평화를 공포하며 복된 좋은 소식을 가져오며 구원을 공포하며 시온을 향하여 이르기를 네 하나님이 통치하신다 하는 자의 산을 넘는 발이 어찌 그리 아름다운가 사 52:7

이정명 | **뿌리 깊은 나무**

뿌리 깊은 나무는
벌레와 폭풍을 이겨낸다

  소설 《뿌리 깊은 나무》는 훈민정음 창조라는 역사적 사실(fact)에 기록되지 않은 역사에 주목하면서, 집현전 학자들의 연쇄살인 사건이라는 허구(fiction)를 가미해 재구성한 팩션(faction) 소설이다.

  훈민정음이 반포되기 전 7일간 집현전 학사들을 상대로 의문의 연쇄 살인 사건이 일어난다. 이 살인 사건의 이면에는 조선 최고의 천재 집단이 목숨을 걸고 추진하던 비밀 프로젝트가 있었고, 그것을 막으려는 세력이 있었다. 그 비밀 프로젝트가 바로 '훈민정음'이었다.

  겸사복이라는 말단 근위병 채윤은 이 사건을 조사과정에서 의문의 여인 '소이'를 만나고, 한글을 반포하기 위한 비밀 결사대의 존재를 알게 된다. 그리고 세종과 집현전 학자들이 훈민정음 프로젝트에 개입했다는 사실을 알게 된다. 이 과정 속에서 채윤은 한글 창제의 의미와 중요성을 알게 되면서, 자신 또한 한글을 지키려는 자들을 지키기 위해 사건에 깊숙이 개입한다.

세종의 시대는 새로운 시대정신을 필요로 하는, 대전환기였다. 세종은 새 시대에 맞는 최고의 프로젝트를 구상했는데, 그것이 바로 훈민정음의 창제였다. 그러나 이 일은 시대적 상황 때문에 철저하게 비밀로 해야 했다. 세종 당시에도 국가의 존립과 생존 때문에 명나라를 사대(事大)를 할 수밖에 없었다.

사대주의와 사대는 다르다. 사대주의는 주체성을 잃은 좀비 같은 사상이고, 사대는 약소국이 강대국 틈바구니에서 생존하는 전략이다. 조선 고유의 역법을 만들어 놓고도 조선력(朝鮮曆)이라 부르지 못하고, 조선의 향악을 바로 잡은 후에도, 아악이라는 이름을 버릴 수 없는 시절이었다. 그런 마당에 중화 문자인 한자(漢字)를 놔두고 조선의 고유문자를 창제한다는 것은, 연쇄 살인 사건이 일어날 만한 혁명적인 사건이었다. 최만리를 비롯한 유학자들의 극한 반대는 왕권의 존립마저 흔들 정도였다.

세종에게 주어졌던 악조건들

《뿌리 깊은 나무》의 세종은 가까이 하기엔 너무 먼 완벽한 영웅이 아닌, 우리와 똑같은 성정을 가진 세종이다. 매우 인간적이며 약해 보이기까지 한다. 세종은 끊임없이 고민하고 갈등하며 적대 세력의 위협 속에 떨면서 훈민정음을 창제해 간다.

좋은 책은 백 번이나 읽고, 세계 최고의 문자인 한글을 창제하고, 4군 6진을 개척하고, 측우기, 물시계 등 과학과 음악을 발전시키고, 집현전을 설치하여 조선의 르네상스를 일으킨 성왕(聖王) 중의 성왕 세종대왕. 왕으로서의 업적 못지않게 인품이 지극하여 '성품과 업적' 모두를 겸비한 최고의 군왕이었다.

이러한 그의 치적에 가려서 간과하고 있는 것이 있다. 세종은 완벽한 존재가 아니었다. 더군다나 실패한 왕으로 남을 확률이 더 많은 환경이었다. 이런 악조건을 극복하고 조선의 수려한 르네상스 시대를 연 것이다.

세종이 왕위에 올랐을 때 조선은 왕조를 세운 지 28년밖에 되지 않았다. 국가의 제도는 제대로 갖춰지지 않았고, 사회는 혼란스러웠으며, 나라와 백성의 살림살이도 힘들었다. 무엇부터 먼저 손대야할지 모를 정도로 어려운 시기에, 세종은 스물두 살의 나이로 왕위에 올랐다.

약한 육체를 가졌던 사람

무엇보다도 세종은 심히 병약한 존재였다. 세종은 몸 자체가 '종합병원'이었다. 평생 두통과 이질, 풍질과 부종, 임질, 수전증 같은 병을 안고 살았다. 특히 35살 이후에는 하루에 물을 한 동이 넘게 마실 정도로 소갈이 심한 것으로 보아 당뇨병을 앓았던 것으로 보인다. 《세종실록》에 기록되어 있는 세종의 질병 기록만 해도 100여 건이 넘는다. 이에 세종은 마흔네 살 무렵 도승지에게 이런 한탄까지 했다.

> 내가 등창을 오랫동안 앓았는데 간밤에는 마음대로 돌아눕지 못할 정도로 고통을 참을 수 없었소. 소갈증이 생긴 지 10여 년이 지났고 지난여름에는 임질 때문에 오랫동안 정사를 돌보지 못했소. 지난봄에는 눈이 어두워져서 걸을 때 사람들이 있는 것은 알지만 누구인지는 모르겠더이다. 겨우 한 가지 병이 나으려 하면 또 한 가지 병이 생기고 이렇게 날로 쇠약해져가니 정사를 돌보는데 점점 자신이 없어집니다.

40대 초에는 앞에 있는 사람의 얼굴도 몰라 볼 정도로 시력이 떨어졌다. 거의 시각 장애인에 가까웠다. 《세종실록》에는 세종 23년에 세종이 눈이 보이지 않아서 정사를 돌볼 수 없다며, 세자에게 전위하겠다고 발표하는 장면이 나온다. 세종은 그 후에도 서너 차례 보위에서 물러나겠다고 했는데, 그 이유가 눈이 보이지 않는다는 것이었다. 세종은 자신의 병 때문에 역대 왕 가운데 온천에 관심이 가장 많은 왕이었다.

세종의 몸에 관한 흥미로운 구절이 《세종실록》에 나온다.

"주상은 사냥을 좋아하지 않지만 몸이 비중하지 않소? 마땅

히 때때로 나와 놀면서 몸의 균형을 유지해야 합니다." 主上不喜游
田 然肌膚肥重 須當以時出遊節宣, 《세종실록》 '즉위년조'

1418년 10월, 태종이 막 즉위한 아들 세종에게 권면한다. 임금의 몸이 뚱뚱하니 운동을 해서 살 좀 빼라는 말이었다. 또 다른 조선의 성왕(聖王) 정조는 무인(武人)으로서의 이미지가 강하지만, 세종은 어린 시절부터 몸이 허약했고, 다른 형제들처럼 말타기나 활쏘기를 즐기지도 않았다. 그러면서 세종은 재위 32년 동안 날마다 새벽 2-3시에 일어나 하루 평균 20시간씩 업무를 보았다. 여기에 육식(肉食)을 몹시도 즐겼다. 아버지 태종이 죽으면서 "세종이 고기가 아니면 식사를 들지 못하니, 내가 죽은 후에도 상중이라도 고기를 먹도록 하라"라는 유언을 했을 정도였다.

물고 뜯는 가족의 짐

세종의 병약한 몸만이 문제가 아니었다. 세종은 인간적인 고뇌를 참 많이 겪은 왕이었다. 세종은 아버지 태종 이방원의 결단으로 왕위 계승 수업을 받지 못하고 왕이 됐다. 그리고 왕권을 더 공고히 하려는 태종의 4년간의 섭정을 받으며 묵묵히 지내야 했다.

이런 과정에서 세종은 폐세자가 된 형님, 양녕대군이 항상 마음의 짐이었다. 적장자(嫡長子)의 정통성 있는 왕위 계승권자가 살아 있다는 것은 왕권에 대한 위험 요인이다. 이에 신료들이 세종의 재위 기간 내내 양녕대군을 죽여야 한다는 상소를 올렸다. 이를 막아내는 일이 쉽지 않았다. 양녕은 왕위에 오르지 못할 정도로 자질이 모자라는 사람이 아니었다. 그런 형님을 밀어내고 왕이 됐다는 미안함이 세종에게는 늘 가득했을 것이다.

또한 세종은 왕권을 위해 뿌려진 수많은 피를 보았다. 아버지 태종은 조선 최고의 킬러(killer)였다. 안정된 왕권을 위해 수많은 사람의 피를 흘렸고, 세종은 이 모든 과정을 지켜보았다. 세자 때 자신의 외삼촌들이 아버지에 의해 죽는 걸 목격했다. 즉위 직후에는 장인(丈人) 심온이 희생됐다.

세종을 괴롭힌 또 다른 아픔은 자식들의 잇따른 죽음이었다. 두 명의 아들이 어린 나이로 연달아 세상을 떠났고, 맏딸 정소공주를 잃었다. 착하고 총명한 딸이 열세 살 나이로 숨을 거두자 세종이 딸의 시신을 좀처럼 내주지 않아 염을 못할 정도였다. 성품이 좋고, 학문과 격구, 예술 등에 모두 능했던 아들 광평대군도 잃었다. 이듬해에는 평원대군도 잃게 된다. 또한 그 이듬해인 1446년에는 아내인 소헌왕후(昭憲王后) 심 씨를 잃었다. 소헌왕후는 아버지 심온이 죽임 당하고 어머니가 노비로 지내는 것을 평생 지켜봐야 했던 비운의 왕비다. 이렇듯 가족의 죽음을 지켜본 세종의 마음은 까맣게 타 들어갔을 것이다.

세종은 맏아들 문종의 빈 문제로도 괴로움을 겪었다. 문종의 세자빈 휘빈 김 씨는 문종이 자신을 가까이 하지 않자 갖가지

민간 비방을 사용했다. 이런 행실을 알게 된 세종은 휘빈을 쫓아버렸다. 그 후 순빈 봉 씨를 새로운 세자빈으로 맞아들였지만, 순빈은 성품이 드세고, 궁에서 술 마시고 취하여 행패를 부리기도 하고, 심지어 궁녀를 가까이 하기까지 했다. 결국 순빈도 내쫓기고 말았다. 결국 문종은 후궁 권 씨에게서 단종을 낳았다. 문종은 이후 정실부인 없이 살았다. 맏아들이 이런 모습으로 사는 것을 지켜보는 세종의 마음은 어땠을까.

팍팍했던 환경

뿐만이 아니다. 세종 시대는 자연 환경이 좋지 않았다.

1418년부터 1450년까지 흑점 기록이 하나도 없다. 또한 그때를 전후로 150년간 흑점 기록이 하나도 등장하지 않는다. 양홍진 한국천문연구원 박사는 이 시기가 소빙하기와 일치하는 때로, "태양 활동이 매우 적었고 일조량이 적어 농사 짓는 데 많은 어려움이 있었을 것으로 생각된다"라고 견해를 밝혔다. 실제로 세종 시대는 가뭄의 연속이었다.[49]

《세종실록》을 보면 세종 즉위 이후 10여년간 단 한 해도 가뭄이 들지 않은 적이 없었다. 흙을 파먹는 백성이 생겨날 정도였다. 세종 6년에는 가뭄 때문에 강원도 전체 가구의 3분 1이 사라지고 농토의 절반이 폐허가 되었다. 농업이 국가의 기반이던 시대에, 연이은 흉년은 국가적 위기였다. 이에 세종은 백성과 고통을 함께 하기 위해 거처하던 강녕전을 버리고 경회루 한쪽에 초가집을 짓고 무려 2년을 살았다. 고민 속에 열하루 동안이나 앉은 채 밤을 지새우기도 했다.

이 모든 것이 무엇을 말하는가? 세종을 둘러싼 내외적인 환경이 결코 좋지 않았다는 것이다. 세종은 이러한 가운데 조선의 르네상스를 일으킨 것이다.

악조건 속에서 꽃을 피우다

다시 소설 《뿌리 깊은 나무》로 돌아가자. 소설 속 훈민정음 창제는 연쇄살인을 불러올 만큼의 반대가 있었다. 그 정도는 아니더라도 큰 폭풍이 있었던 것은 사실이다. 1443년 훈민정음을 창제하자 세종 앞으로 훈민정음에 반대하는 대신들의 상소가 올라왔다. 그 중심에 집현전 부제학으로 있던 최만리가 있었다.

"천하고 속된 글을 만드는 건 중국을 버리고 오랑캐가 되는 일입니다."

세종의 싱크탱크 집현전, 그리고 집현전의 실무 책임자였던 최만리. 그의 결사반대! 훈민정음 창제와 반포는 결코 쉬운 일이 아니었다. 소설 속 겸사복 채윤이 울먹이며 세종에게 묻는다.

"이 시대의 백성조차 모르는 의로운 현자들의 의로운 싸움을 후세 사람들이 어찌 알겠사옵니까?"

세종이 답한다.

"후세 사람들이 나를 알아주지 않음을 염려하지 않는다. 지금의 백성이 나의 뜻을 알아주지 않음 또한 서러워하지 않는다. 다만 내가 할 일은 지금 나에게 맡겨진 백성을 염려하는 것일 뿐…."[50]

세종은 악조건 속에서 꽃을 피운 것이다. 유리를 바닥에 떨어뜨리면 산산조각이 나고, 진흙을 떨어뜨리면 달라붙고, 공을 떨어뜨리면 튀어 오른다. 달을 보면 늑대가 되는 사람이 있는가 하면, 달을 보면 이태백이 되는 사람이 있다. 똑같은 시련을 겪어도 폐인(廢人)이 되는 사람이 있고, 시련 후에 시인(詩人)이 되는 사람이 있다. 시련 속에 열등감이 깊어지는 사람이 있고, 시련 후에 본질을 발견하는 사람이 있다.

누구도 밤을 지나지 않고 별을 바라볼 수 없다. 누구도 비를 거치지 않고서는 무지개를 맞이할 수 없다. 그리고 그 누구도 겨울을 지나지 않고서는 봄을 맞이할 수 없다. '뿌리 깊은 나무'는 저절로 된 것이 아니라, 수많은 벌레와 폭풍을 이겨낸 나무다.

믿음이 없는 사람이 골리앗을 만나면 저 큰 덩치를 감당할 수 없다고 지레 죽어 버린다. 믿음의 사람이 골리앗을 만나면 덩치가 저렇게 크니 아무데나 돌을 던져도 맞을 거라며 눈이 반짝인다.

우리에게 있는 약점은 우리를 한없는 열등감의 세계로 이끌 수도, 강한 존재로 거듭나게 할 수도 있다. 약점 때문에 독을 만들어 자신도 찌르고 이웃을 찌를 수도 있고, 약점 때문에 겸손을 배워 깊은 공명을 울릴 수도 있다. 우리의 약함이 하나님을 만나 하나님의 은혜가 부어지면, 오히려 강함이 된다.

> 나에게 이르시기를 내 은혜가 네게 족하도다 이는 내 능력이 약한 데서 온전하여짐이라 하신지라 그러므로 도리어 크게 기뻐함으로 나의 여러 약한 것들에 대하여 자랑하리니 이는 그리스도의 능력이 내게 머물게 하려 함이라 고후 12:9

아놀드 토인비 | **역사의 연구**

도전과 응전
그리고 창조적 소수

문명의 성장은 도전과 응전의 드라마가 연속으로 상연되는 형태로 나타난다.[51]

17세기 서구에서는 대항해시대가 열리며 과학혁명이 일어났다. 18세기에는 이성을 중심으로 계몽주의 시대를 열렸다. 유럽의 대도시에는 대학이 설립되었고, 칸트와 헤겔 등 철학의 거장들이 나타난다. 이성이 발달함으로 역사는 더욱 발전하리라는 장밋빛 희망이 가득했다.

그러다가 제1차 세계대전을 겪은 후 유럽의 지성들은 자신들의 오만을 느끼게 된다. 이에 독일의 역사학자 슈펭글러는 《서구의 몰락》에서 몰락해 가는 서구의 정신적 위기를 경고하며, 문명이 유럽에만 있는 것으로 본 오만을 질타하고 지구상에는 8개의 문명이 있으며, 이 문명들은 생성-번영-전성기를 거쳐 쇠락의 길을 순환한다고 강조했다. 그러면서 서구는 지금 몰락의 과정에 있다고 했다.

《서구의 몰락》을 읽고 가장 충격을 받는 사람 중의 하나가 20세기의 석학으로 불리는 영국의 역사학자 토인비였다. 기독교적인 세계관에 바탕을 둔 서구문명을 가장 이상적으로 생각했던 토인비에게는 서구가 몰락한다는 것은 기독교 정신의 몰락을 의미하기도 했다.

이에 토인비는 슈펭글러의 이론을 '도전과 응전'(challenge and response)으로 수정했다. 모든 문명이 몰락하는 게 아니라 도전에 효과적으로 응전하는 문명은 살아남는다는 것이다. 이런 과정에서 나온 것이 1934년부터 1961년까지, 28년에 걸쳐 완성시킨 12권의 대작 《역사의 연구》(Study of History)이다.

이전의 역사 연구는 민족이나 국가를 연구 단위로 삼았는데, 토인비는 '문명'(civilization)을 역사 연구의 단위로 설정했다. 이유가 있다. 예를 들어, 유럽 국가들의 경우 모두 기독교 문명 안에서 서로 영향을 주고받으며 살아왔다. 따라서 국가 하나하나를 따로 연구해서는 전체 역사의 흐름을 파악할 수 없다. 즉 각 나라들에게 영향을 미친 문명을 이해해야 그 문명에 속하는 개별 국가의 역사를 이해할 수 있다는 것이다.

이에 토인비는 세계 21개의 문명의 흥망사를 분석했다. 그러면서 문명의 '발생 → 성장 → 쇠퇴 → 해체'의 과정에 보편적이고 거시적이며, 포괄적인 사관을 전개하고 있다. 그러면서 여러 문명의 흥망 이유를 설명하는 이론으로서, '도전(挑戰)과 응전(應戰)', '창조적 소수자'(creative minority) 등을 제시한다.

도전에 응전하는 인간의 역사

먼저 '도전과 응전'을 살펴보자. 토인비는 역사의 흥망성쇠를 결정하는 원리를 '도전과 응전의 원리'로써 설명한다. 여기서 도전이란 가뭄이나 홍수, 지진 같은 자연환경의 격변일 수도 있고, 강력한 외적의 침략일 수도 있고, 도덕적 타락이나 지배 계층의 부패 같은 사회 내부의 모순일 수도 있다.

한 문명이 역사의 도전에 잘 응전하면 그 문명은 한 단계 비약하고 새롭게 발전한다. 반면 도전에 잘못 응전하면 그 문명은 쇠퇴 혹은 몰락한다. 역사를 발전시키는 원동력은 도전에 맞서 응전하는 힘이다. 즉 '내·외부 환경의 도전에 대한 인간의 응전'이, 문명과 역사를 발전시키는 바탕이 되었다는 것이다.

그에 따르면 문명이 꽃 핀 지역은, 비옥하고 안전한 지역이 아니라, 매년 홍수와 가뭄으로 시달려야 했던 척박한 곳이었다. 이들은 끝없는 위기가 있기에, 안주할 수가 없었다. 생존하기 위해 몸도 움직이고 마음도 움직이고, 할 수 있는 모든 것을 다하게 된다. 그러다 보니 생각하고 또 생각하면서, 어제보다 더 나은 사고를 하게 되고, 결국 문명의 발전이 가능하게 되었다는 것이다.

토인비는 가혹한 환경에 성공적으로 응전한 사례로 이집트 문명, 수메르 문명, 미노스 문명, 인도 문명, 안데스 문명, 중국 문명 등을 들고 있다.

이집트의 경우를 보자. 그리스의 역사학자 헤로도투스가 "이집트는 나일 강의 선물이다"라고 말할 정도로 나일강의 범람이라는 시련과 역경은 새로운 도전이 되어 문명이 발달할 수 있는 토대가 되었다. 나일 강변은 수량이 풍부하고 땅이 비옥해서 농사짓기에 적합했지만 해마다 범람이 반복되었다. 그러나 그런 도전이 있었기에 이집트 문명이 가능했다. 해마다 반복되는 범람 시기를 예측하기 위해 천문학과 태양력이 발달했고, 범람 후의 경지 측정을 위해 기하학이 발달했다. 범람을 막기 위해 대대적인 제방공사를 하는 과정에서 도르레와 수레가 발명되었다. 그리고 이것은 피라미드를 건설하는 기반기술이 되었다.

고대 중국 문명을 보자. 중국에는 두 개의 큰 강인 양쯔 강과 황하 강이 대륙을 가로지르고 있다. 양쯔 강 유역은 기후가 따뜻하고 물의 흐름도 완만하고 농토가 비옥하다. 그러나 쿤룬 산맥에서 발원한 황하 강은 겨울이면 매서운 추위로 얼어붙어 배가 다닐 수 없었다. 또한 해마다 범람을 반복하여 많은 생명과 재산을 앗아갔다. 그러나 고대 문명을 일으킨 지역은 양쯔 강이 아니라 바로 험난한 황하 강변이었다.

자연재해와 침략의 걱정이 없던 문명, 다시 말해 도전이 없었던 문명은 갑작스럽게 찾아온 위기를 극복하지 못하고 쉽게 무너진 것을 알 수 있다. 토인비는 그 대표적인 예로 고대의 마야 문명을 들고 있다. 고대 마야는 기원전부터 중앙아메리카를 중심으로 화려한 꽃을 피우던 문명이었다. 수학, 천문학이 발달했고 웅장한 건축물을 남긴 이들이 AD 900년경에 갑작스레 사라진 이유를 두고 공룡의 멸종만큼이나 의견이 분분하다. 분명한 것은 이들에게는 외부의 적이 없었다는 점이다. 그렇게 태평성대를 누리다가 시련이 닥치자 갑자기 사라졌다.

토인비가 저술과 강연을 통해 '도전과 응전'을 설명할 때 가장 많이 사용하는 예가 청어 이야기이다. 청어는 영국인들이 가장 좋아하는 어종 중의 하나이다. 그런데 청어는 먼 바다인 북해나 베링해 등에서 잡히기 때문에 운반 도중 대부분이 죽어버린다. 살아 있는 청어는 냉동 청어에 비해 2배 정도 비싸다. 그러나 어부들이 아무리 머리를 써도 살아 있는 청어를 런던까지 운반하지 못했다.

그러던 중, 어느 어부가 이 과제를 풀었다. 그가 잡은 청어는 런던에 도착할 때까지 싱싱하게 살아 있었다. 알고 보니 청어를 넣은 수조에 실수로 물메기를 넣은 것이었다. 청어의 천적인 물메기에게 잡아먹힌 청어가 몇 마리 되었지만, 나머지 수백 마리는 먹히지 않기 위해 도망 다니며 런던에 도착할 때까지 살아 있었던 것이다. 적당한 도전이 청어를 살아남게 한 원동력이 되었다.

망망대해에 떠 있는 돛단배는 강풍으로 인해 더 빨리 갈 수도, 혹은 침몰할 수도 있다. 역사와 인생 또한 항해와 같다. 세계 역사상 위대한 민족과 위대한 개인은 고난과 그 고난에 대한 창조적인 응전을 통해 형성되었다.

"바람이 분다, 나 죽었다!" 하는 사람이 아니라, 시인 폴 발레리처럼 "바람이 분다, 살아야겠다!" 하는 사람이 이긴다. 바람이 불면 나무는 쓰러지지 않으려고 더 깊이 뿌리를 내린다.

꽃도 그러하다. 물을 머금어야 비로소 꽃을 피우는 법. 봄바람은 가지를 흔들어 뿌리를 깨워서 물을 길어 올리게 한다. 꽃은 바람이 없으면 늘어진 꽃 팔자가 되어 주야장천 잠만 잔다. 바람이 불어야 아차차 놀라 꽃대를 올린다. 그래서 꽃 피는 것을 시샘하는 '꽃샘바람'이 아니라 '꽃세움바람'이라 해야 옳다. 어느 시인의 표현대로 흔들리지 않고 핀 꽃은 없다. 수많은 바람을 맞으며 물을 길어 오르고 비로소 줄기 세우는 법을 배운다.

대추 한 알도 태풍 몇 개 천둥 몇 개를 머금어야 붉어진다. 비단 꽃과 대추 뿐 만이 아니다. 굽이치지 않고 흐르는 강물은 없듯이, 생명이 있는 모든 것은 흔들리면서 몸부림치며 자라난다. 주님 안에 있을 때, 고난은 꽃샘바람이 아니라 꽃세움바람이 된다. 이 바람을 맞으며 잠을 깨고 비로소 주님의 율례들을 배운다.

그리하여 고난은 위대한 민족, 위대한 개인을 만드는 하나님의 자궁이다. 혹독한 추위를 이겨내는 캐나다 록키산맥의 단풍나무는 명품 바이올린의 재료가 된다. 모진 바람과 추위를 견뎌

낸 그 나무에서 나온 소리는 깊고 그윽하다. 잔잔한 바다에서는 훌륭한 뱃사공이 만들어지지 않는다. 시냇물의 노래 소리는, 물과 자갈이 다 있을 때 만들어진다. 무지개는 햇빛과 비, 둘 다 있을 때 피어난다. 도전이 있을 때 문명은 무지개 같은 발전을 이루어간다.

길을 제시하는 사람들

그런데 도전을 받고 고난을 받는다고 다 발전하는 것이 아니다. 도전과 고난 속에 무너지는 나라나 개인도 많다. 그렇다면 응전의 성패를 결정하는 요소는 무엇일까?

토인비는 '창조적 소수'(creative minority)의 중요성을 강조한다. 창조적 소수자의 창조적 비전을 사회가 받아들이면, 응전에 성공하고 문명은 성장한다고 했다. 반대로 '창조적 소수'가 창조력을 잃고 '지배적 소수자'로 타락하면, 사회는 혼란에 빠지며 문명은 쇠퇴한다고 했다.[52]

온전히 헌신된 한 사람은 수천 명, 수만 명도 이룰 수 없는 일을 이루어낸다. 신앙교육이란 바로 이러한 창조적 소수를 기르는 것이다.

같은 곳을 본다고 해서 같은 것을 볼 수 있는 것이 아니다. 같은 곳에 있다고 해서 같은 생각을 하는 것도 아니다. 가나안 땅을 정탐했던 사람은 열두 명이었다. 그중에 하나님의 마음을 품은 사람은, 여호수아와 갈렙 뿐이었다. 나머지는 이른바 '메뚜기 콤플렉스'에 걸려 벌벌 떨며 하나님의 약속을 잊고 독살스러운 말을 쏟아냈다. 하나님은 창조적 소수자인 여호수아와 갈렙을 통해 이스라엘 백성을 가나안으로 이끄셨다.

예수님도 많은 무리가 아니라 소수의 제자를 택하셔서 훈련시키셨다. 주님은 다수(多數)의 허수(虛數)가 아닌, 맹목적의 허다한 무리가 아닌 주님의 마음을 품은 창조적 소수를 통해 일하신다.

예수님이 일으키시는 기적을 보고, 특히 오병이어의 큰 기적을 보고 수많은 무리가 모여들었다. 그러자 예수님은 이런 설교를 하셨다.

> 예수께서 이르시되 내가 진실로 진실로 너희에게 이르노니 인자의 살을 먹지 아니하고 인자의 피를 마시지 아니하면 너희 속에 생명이 없느니라 요 6:53

사람들은 예수님의 말씀을 못 알아듣고, 우리더러 식인종이 되라는 말씀이신가 생각하며 마음이 불편해져서 예수님을 떠났다. 그러자 예수님은 떠나는 무리를 말리지 않았다. 그냥 떠나게 하셨다. 그러면서 제자들에게 "너희도 가겠느냐?"라고 물으셨다. 이때 베드로가 정말 멋진 말을 했다.

시몬 베드로가 대답하되 주여 영생의 말씀이 주께 있사오니 우리가 누구에게로 가오리이까 요 6:68

계속 따르겠다는 고백이다. 예수님은 이러한 제자, 이러한 창조적 소수를 통해서 주님의 역사를 이루셨다.

카일 아이들먼은 《팬인가 제자인가》에서 예수님을 팬으로 여기지 말고 예수님의 제자가 되라고 권면한다.

팬은 관람석에 앉아 팀을 열렬히 응원하는 사람이다. 팬은 선수가 사인한 운동 셔츠를 벽에 걸어 두고 자동차 뒤에 갖가지 범퍼 스티커를 붙인다. 하지만 정작 경기에 나서지 않는다. 경기장에서 땀을 뻘뻘 흘리며 달리거나 공을 차지는 않는다. 선수들에 관해서는 모르는 게 없고 최근 기록을 줄줄이 꿰고 있지만 선수들을 개인적으로 알지는 못한다. 고함을 지르며 응원은 하지만 경기를 위해 희생을 하지는 않는다. 게다가 응원하는 팀이 자꾸만 패하면 그렇게 좋아하던 마음도 조금씩 식어가고, 심지어는 다른 팀으로 옮겨 가기도 한다. 팬은 어디까지나 팬일 뿐이다.[53]

주님이 떡을 줄 때는 열광하고 주님 때문에 고난이 오면 외면하는 사람, 희생과 값 지불은 하지 않으려는 반쪽짜리 믿음, 신앙생활이 아닌 종교생활을 하는 사람, 하나님을 아는 것이 아니라 하나님에 관해 아는 사람, 예수님을 그저 여러 애인 중의 하나로 여기는 사람, 예수님을 가슴과 마음이 아닌 교양과 형식으로 만난 사람, 주님은 이런 무리가 아닌 창조적 소수의 제자들을 통해 역사를 이루셨다.

이렇듯 하나님의 나라는 헌신하는 소수, 창조적 소수에 의해 이루어져 간다. 이 땅의 크리스천들이 하나님의 비전을 이루는 창조적 소수의 역할을 다할 때, 이 땅의 고난은 노래가 되고, 무지개가 되어 꽃으로 피어날 것이다.

> 그 작은 자가 천 명을 이루겠고 그 약한 자가 강국을 이룰 것이라 때가 되면 나 여호와가 속히 이루리라 사 60:22

도전(고난)이 온다. 참과 거짓을 분별할 수 있는 기회다. 본질을 볼 수 있는 기회다. 버려야 할 것과 간직해야 할 것을 볼 줄 아는 기회다. 사라지는 것과 영원한 것을 볼 수 있는 기회다. 겸손해질 수 있는 기회다. 강해질 수 있는 기회다. 사람들을 공감할 수 있는 기회다. 무엇보다도 하나님의 사랑을 절실히 느낄 수 있는 기회다.

창조적 소수, 믿음의 용사들은 이 기회를 보는 사람들이다.

에릭 카 | **역사란 무엇인가**

흙 속의 돌덩이여, 부활하라

역사가는 현재의 일부이고, 사실은 과거에 속하므로, 이 상호작용은 또한 현재와 과거의 상호관계를 포함하고 있다. 역사가와 역사상의 사실은 서로가 필요한 것이다. 사실을 소유하지 못한 역사가는 뿌리도 없고 열매도 맺지 않는다. 역사가가 없는 사실은 생명도 없고 의미도 없다. 여기서 '역사란 무엇인가?'에 대한 나의 최초의 대답을 하기로 한다. 역사란 역사가와 사실 사이의 부단한 상호작용의 과정이며, 현재와 과거 사이의 끊임없는 대화이다.[54]

까치 머리를 하고 대학 캠퍼스에 처음 발을 디뎠을 때였다. 두 가지 놀라운 것을 보았다. 첫째는 기독학생회에서 부르고 있는 캠퍼스 찬양, 둘째는 게시판에 붙은 대자보였다. 성대기독학생회(일명, 겟세마네)의 찬양을 듣고는 "아, 주님이 나를 부르시는구나!" 하고 느꼈고, 대자보를 보고는 "이런 해석이 있다니!" 하고 충격을 받았다.

사실과 해석 사이에서

이처럼 세상은 사실과 해석 사이에 있다. 역사학자이자 국제정치학자인 영국의 에릭 카 교수는 케임브리지 대학에서 특강을 한 후, 그 특강의 제목인 《역사란 무엇인가?》를 책으로 출간했다. 이 책은 세계적인 역사학의 고전이 되었고, 특히 한국에서는 한국인의 역사의식 형성에 지대한 영향을 미쳤다.

"역사란 무엇인가?"

이 질문에 대해 카 교수는, 역사학계에 길이 남는 유명한 말을 남겼다.

"역사란 과거와 현재의 끊임없는 대화이다."

이 명제에 좀 더 쉽게 다가가 보자. 조선왕조 말기 혼란기 때 1894년 전라북도 군수 조병갑의 탐학에 항거해 농민봉기가 발생했다. 조선왕조의 입장에서 보면 명백한 반란이므로 '동학난'으로 불렀다. 그러나 이후 근대화의 관점에서 보면 해석이 다르다. 부패하고 무능한 정부에 대항해 새 질서의 수립을 요구했다 해서 '동학농민운동', '동학농민혁명운동', '갑오농민전쟁' 등으로 지칭되었다. '동학'이라는 역사적 사실 자체는 그대로이지만 이를 해석하는 관점은 계속 변하고 재해석된 것이다.

'과거의 사실'은 과거 그 자체로 굳어진 콘크리트 구조물이 아니다. 현재에 계속 다시 부활하고 재해석되는 유기체이다. 그러므로 "역사는 현재와 과거 사이의 끊임없는 대화"일 수 있다.

더 깊게 들어가 보자. 역사란, 지나간 과거에 대한 객관적인 사실의 서술이나 나열이 아니다. 역사가가 과거의 수많은 사건들 중에서 중요하다고 생각하는 사건을 선택하여 기록하고, 그 의미를 해석하고 평가한 것이다. 즉 역사가에 의해 선택 받은 사실이 '역사적 사실'인 것이다. 이때 '역사가'란 바로 '현재의 역사가'이다. 즉 현재의 시각으로 과거를 재조명하는 것이 역사이다.

이탈리아의 역사가 베네데토 크로체(Benedetto Croce)는 "모든 역사는 현대사(contemporary history)"라는 유명한 말을 남겼다. 역사란 본질적으로 현재의 눈을 통해서 그리고 현재의 문제들에 비추어 과거를 바라보는 것이며, 역사가의 주요한 임무는 기록하는 것이 아니라 평가하는 것임을 의미한다. 즉 연대기와 역사는 박제된 것인데, 현재의 역사가가 그 이름을 불러 줄 때 살아있는 역사로 꽃핀다는 것이다. 이처럼 박제된 과거를 현재로 부활시키는 것이 역사가의 작업이라고 했다. 그런 의미에서 모든 역사는 현대사이다.

이렇듯 역사란 과거와 현재의 끊임없는 대화를 하고 있다. 이 대화를 통해 우리는 역사로부터 오늘을 위한 교훈을 얻고, 내일을 향한 발판으로 삼을 수 있다.

　에릭 카 이전, 근대 역사학의 아버지로 불리우는 랑케는 '있는 그대로의 역사'를 주창했다. 그는 사료에 대한 고증을 통해 과거의 역사적 사실을 '있는 그대로' 기술하는 것이 역사가의 몫이라고 주장했다. 이른바 실증주의 사관, 객관주의 사관이다.

> 헤겔, 피히테 같은 철학자들은 자신들의 철학적 관념이나 정치적 이상을 하나의 역사적 목표로 설정해두고 그 이념에 따라 역사를 정리했습니다. 그러고는 그 관념이나 이상에 맞는 역사적 사실들만 가져다 쓰고 그렇지 않은 역사적 사실들은 외면하거나 모른 척했습니다. 달면 삼키고 쓰면 뱉는다는 식의 선택이죠. … (중략) … 이런 상황에서 랑케 선생님께서 '있는 그대로의 역사'를 주장하셨던 것입니다.[55]

　랑케는 기존의 역사가들과는 달리 역사의 과학성을 주장했다. 그는 철학적, 정치적 이상을 이미 목표로 세워 놓고 역사를 그 이상에 끼워 맞추는 식의 역사 해석을 거부했다. 이에 랑케의 유명한 선언이 있다.

　"역사가는 편견에서 벗어나 '있었던 그대로'(wie es eigentlich gewesen)의 과거 사실을 보아야 한다."

　이 명제는 과거의 역사학에서도 중요하고, 지금도 그러하고, 앞으로도 두고두고 회자 되는 중요한 주제일 것이다. 랑케는 심지어 역사가는 역사의 사실을 수집하고 발견하고 탐구하는 데 있어서 역사가가 '자아를 소거'해야 한다고 할 정도였다. 그 만큼 객관적이고 싶었던 것이다.

과거를 있는 그대로, 현재도 있는 그대로 보여준다는 것은 정말 매력적인 일이다. 그러나 불가능하다. 유적과 유물, 문헌 기록 역시 과거의 한 파편을 보여줄 뿐이다. 게다가 '있는 그대로'라는 말은 과거의 모든 일을 하나도 빠뜨리지 않고 기록해야만 성립할 수 있는 말이다. 하지만 역사적 사료는 역사가가 선택한 사건을 기록한 것이다.

사실을 조리하는 요리사

그렇다면 무엇이 중요하고 무엇이 의미 있는 일일까? 이에 대해 만인이 동의할 수 있는 객관적 보편타당성이 있는 기준은 없다. '사실'의 선택은 역사가의 주관적 판단 영역에 속한다. 따라서 어쩔 수 없이 역사가의 시선이 들어가게 되고, 이는 '있는 그대로'라는 말을 불가능하게 한다. 그러므로 역사란, 역사적 사실에 대한 역사가의 선택과 해석의 끝없는 상호작용 속에서 나온다.

이에 대해 카는 흥미로운 비유를 했다.

생선을 생선가게에서 살 수 있는 것처럼 역사가들은 문서나 비문

(碑文) 속에서 사실을 얻을 수 있다. 역사가는 사실을 얻어 집에 가지고 가서 조리하여 자기가 좋아하는 방식으로 식탁에 내놓는 것이다.[56]

과거의 '사실'을 '생선'에 비유한다면, 과거의 '사실'을 현재 사회의 가치관에 의해 객관적으로 해석하고 평가하는 요리사의 '조리과정'이 필요하다는 것이다. 역사가는 '사실'을 '조리'하는 '요리사'이다. 역사가는 해석과 평가라는 조리 과정을 통해 현재 시대의 식탁에 현재보다 나은 미래 사회를 열 수 있는 교훈을 내놓는 임무가 있다. "역사란 역사가와 사실 사이의 부단한 상호작용의 과정이며, 현재와 과거 사이의 끊임없는 대화"라는 카의 말은 이러한 조리과정과 일치한다.

여기서 역사가의 중요한 사명이 있다. 역사가들은 과거의 죽은 사실에 생명을 불어넣어, 현재에 되살아나게 하는 사람들이다. 즉 '과거의 사실'을 '현재에로의 해석'으로 살려내는 것이 역사가들이다.

땅 속의 돌은 그저 돌멩이일 뿐이다. 그러나 역사가에 의해 발굴된 돌은 수천 년의 혼이 깃들은 유물이 되어, 현재를 사는 사람들에게 힘과 자부심을 주는 유물로 부활한다. 역사가가 불러주지 않은 돌은 그저 돌덩이일 뿐이다.

마찬가지이다. 하나님이 우리를 불러주시는 순간, 몸짓에 불과하던 우리가 하늘의 꽃으로 피어난다.

유명한 김춘수 님의 시 〈꽃〉을 보자.

내가 그의 이름을 불러주기 전에는
그는 다만
하나의 몸짓에 지나지 않았다.
내가 그의 이름을 불러주었을 때
그는 나에게로 와서
꽃이 되었다.

이름을 불러주는 것은 그의 공리성이 아닌 그의 존재성을 불러주는 것이다. 이름을 불러주는 것이 스승이다. 파란 꽃 노란 꽃이 아닌 꽃 이름을 불러주면 만남이 시작되듯이, 이름을 불러줄 때 몸짓에 불과하던 그는 하늘나라의 꽃으로 피어난다.

이름을 몰랐을 때는 눈에 들어오지 않던 꽃들이 이름을 알고 나면 발길을 멈추게 한다. 이에 대해 문학계에 이름에 얽힌 재미난 일화가 있다. 문순태 시인이 '이름 모를 꽃'이라는 표현을 썼다가 원로 문학인 김동리에게 혼쭐이 났다.

"이름 모를 꽃이 어디 있어! 자네가 모른다고 '이름 모를 꽃'이야! … 작가라면 당연히 꽃 이름을 알아내야지. 꽃잎도 만져 보고 냄새도 맡아 보아 아주 손에 쥐여 준 듯이 구체적으로 묘사해야지."[57]

문순태 시인은 그 길로 서점으로 달려가 식물도감을 샀다고 한다. 이후 그는 누구보다도 우리말을 잘 다듬어 사용하는 작가가 되었다.

《사하촌》의 작가 김정한도 김동리 못지 않았다고 한다. 그래서 요산 문학관에 가면 그가 직접 그려가면서 정리해 놓은 식물도감이 남아 있다고 한다. 투철한 시인 정신이다. 시인은 이름을 불러주어 자존감을 살리는 사람이다.

복음 전도자의 사명도 그러하다. 전도자는 그의 이름을 불러주어 사명을 일깨워주고, 이름 없는 것들에게는 이름을 붙여주어 생명을 불어넣는 사람이다.

성경을 보면 우리의 이름을 불러주시는 하나님을 만나게 된다.
"아담아!"
"아브라함아!"
"지렁이 같은 너 야곱아!"
"삭개오야, 내려오라!"
"사울아, 사울아!"

예수께서 그곳에 이르사 쳐다보시고 이르시되 삭개오야 속히 내려오라 내가 오늘 네 집에 유하여야 하겠다 하시니 급히 내려와 즐거워하며 영접하거늘 뭇 사람이 보고 수군거려 이르되 저가 죄인의 집에 유하러 들어갔도다 하더라 삭개오가 서서 주께 여짜오되 주여 보시옵소서 내 소유의 절반을 가난한 자들에게 주겠사오며 만일 누구의 것을 속여 빼앗은 일이 있으면 네 갑절

이나 갚겠나이다 눅 19:5-8

주님이 이름을 불러주셨을 때, 그는 죄의 길을 돌이키고 피어났다. 고난으로 가득한 삶을 살아가는 성도들의 이름을 하나하나 부르며 기도할 때 얼마나 뜨거운 마음이 솟는지, 온 우주를 선물 받는 것보다 내 이름이 새겨진 작은 별똥 하나를 선물 받는 것이 좋다. 이름 하나 마음에 새기는 것을 사랑이라고 한다.

누구나 자신의 이름을 불러주기를 기다린다. 그 누구도 땅 속의 돌덩이로, 하나의 몸짓으로 끝나는 인생이 아니라 꽃으로 피고 싶고 의미로 남고 싶은 것이다. 전도와 선교가 바로 잃어버린 영혼을 찾아가 그 이름을 불러주는 것이다. 그가 하늘나라의 꽃으로 피어나도록 말이다.

이 세상에서 영혼을 살리는 일처럼 소중한 일은 없다. 역사가들이 죽은 과거에 생명을 불어 넣어 현재에서 살려내듯이, 성도들은 죽은 영혼에게 전도하여 그 영혼을 살리는 하나님 나라의 자랑스러운 역사가들이다.

지혜 있는 자는 궁창의 빛과 같이 빛날 것이요 많은 사람을 옳은 데로 돌아오게 한 자는 별과 같이 영원토록 빛나리라 단 12:3

십자가의 길이 행복의 길이다

3

Humanitas To GOD

십자가,
깊고 푸른
하나님의 지혜

Humanitas **To GOD**

옳고도 아름다운 당신

《옳고도 아름다운 당신》

작고하신 소설가 박완서 님이 쓰신 책의 제목이다. 나는 이 제목이 참 좋다. 옳으면서도 아름다운 당신, 옳으면서도 좋은 당신 말이다. 옳지도 않고 아름답지도 않은 사람은 논외(論外)이고, 옳지만 싫은 사람이 있다. 옳은 듯하지만 그의 마음에 사랑과 긍휼이 없을 때 그러하다. 옳고도 좋은 분이 좋다. 우리 하나님이 그러하시다. 하나님은 옳기도 하고 좋기도 그지없다.

옳고도 좋다는 말은 공의도 있고 사랑도 있다는 의미이다. 사랑과 공의는 하나님의 속성을 대표하는 두 기둥이기도 하다. 사랑과 공의가 조화를 이룰 때 진정한 사랑이 되고 진정한 공의가 된다. 사랑이 결여된 공의는 차가운 폭력이 될 수 있고, 공의를 상실한 사랑은 무책임한 방임이 될 수 있다.

　불완전한 우리 인간에게는 사랑과 공의의 조화가 얼마나 힘들고 어려운지 모른다. 공의를 생각하다 보면 사랑을 놓치고, 사랑을 생각하면 공의를 잃는다. 그러나 하나님에게서는 사랑과 공의가 아름답게 조화를 이룬다. 예수님의 십자가는 하나님의 사랑과 공의가 만나는 가장 깊고 푸른 지혜이다.

인애와 진리가 같이 만나고 의와 화평이 서로 입맞추었으며 시 85:10

　이 구절만큼 십자가의 비밀을 깊고 푸르게 표현한 구절은 없을 것이다. 하나님의 공의와 사랑이 십자가에서 만났다.
　죄의 삯은 사망이다. 죄를 지은 인간은 모두 죽어야 한다. 우리가 죽어야 하는데 하나님께서 우리를 사랑하셔서 독생자 예수님을 우리 대신 죽게 하셨다. 그래서 우리는 십자가를 바라보면 하나님의 뜨거운 사랑과 추상같은 공의를 동시에 보게 된다.

사랑과 공의가 조화를 이루는 곳

　십자가의 은혜를 온전히 설명할 수 있는 인간의 말은 없을 것이다. 다만 십자가의 이야기와 비슷한 어떤 왕의 이야기를 들어보자.
　희랍의 자리우커스(Zaleucus) 왕은 나라가 도덕적으로 심히 타락하자 기강을 바로잡고자 새로운 법령을 제정했다. 그 내용인즉, 누구든지 간음을 행하는 자는 신분의 고하를 막론하고 두 눈을 멀게 하겠다는 것이었다.

새 법령이 공포된 후 제일 먼저 이 법을 어긴 사람이 생겼다. 그런데 그는 바로 왕의 아들이었다. 이 사실을 알게 된 왕은 슬픔에 빠졌다. 법을 그대로 집행하려면 아들의 두 눈을 찔러 멀게 할 수밖에 없다. 그렇게 되면 맹인이 된 그가 어떻게 나라를 온전히 통치해나갈 수 있겠는가? 더군다나 다른 이도 아닌 아들의 눈이다.

그러나 만일 아들을 벌하지 않으면 사사로운 정 때문에 왕 자신이 먼저 법을 어기게 되는 셈이었다. 그러면 법과 왕의 권위는 추락하고, 백성의 불신은 하늘까지 차게 될 것이다. 또한 온 땅에 음행과 불법이 더욱 성하게 될 것이다.

왕은 깊은 사색에 잠겼다. 그리고 큰 사랑과 지혜를 보였다. 먼저 왕 자신의 한쪽 눈을 찌르고, 다음으로 아들의 한쪽 눈을 찔러 멀게 했다. 이렇게 아들의 죄를 아버지가 나누어 담당함으로, 좌로는 법을 지키고 우로는 아들에 대한 사랑을 이룬 것이다. 그는 공의와 사랑을 다 이루었다. 참 현명하면서도 아름다운 아버지요, 왕이 아닐 수 없다.

그러나 예수님은 거기서 그치지 않으셨다. 예수님은 "그 징벌의 절반은 나에게 집행하고 나머지 절반은 죄인에게 집행하라"라고 하지 않으셨다. "그의 눈 한쪽도 그대로 두고 나의 두 눈을 뽑아라" 하시며 자신의 두 눈을 다 빼주신 것과 같다. 주님은 우리가 죽어야 할 십자가에 자신이 달리셔서 우리 대신 죗값을 치르셨다.

"나를 십자가에 못 박아 죽이라. 내가 그 모든 죄를 감당하노니, 죄인에게는 자유를 주노라."

이것이 십자가이다.

하나님은 당신의 공의와 사랑을 모두 행하시기 위해 당신의 독생자 예수 그리스도가 십자가 위에서 죽음의 형벌을 받게 하셨다. 죄를 지은 우리를 대신해서 말이다. 그래서 그분의 가슴과 등은 채찍에 터졌고, 이마는 가시관에 뭉드러졌다. 손과 발은 못에 박혀 찢어졌고, 옆구리는 창에 찔려 마지막 피 한 방울까지 모두 쏟아냈다.

또한 몸의 아픔만큼이나, 아니 그보다 더 크게 예수님의 마음도 고통을 당했다. 종려나무 가지를 흔들고 호산나를 외치면서 열광했던 민중들이 "강도 바라바를 풀어주고 예수를 십자가에 못 박으소서! 못 박으소서!"라고 외쳐댈 때 예수님은 어떤 마음이셨을까.

그 민족을 위해 죽으시면서도 사랑하는 동족들에게 반역자로 낙인 찍히셨던 그 오해 받으심, 죽도록 따르겠다던 제자들이 다 떠나가는 현장에서 경험하셨던 소외감, 사랑했던 제자의 손에 팔리는 그 배신감. 그 제자의 발을 씻기시면서, 마지막 떡을 주면서 그를 향해 연민과 자비를 눈초리를 주시던 마음. 그런 스승을 외면하고 어두운 밤을 향해 나갔던 제자. 그 제자가 군인들을 데리고 와서 거짓 입맞춤으로 스승을 팔아넘기는 싸늘한 배신의 현장에서 예수님이 느끼셨던 감정의 흐름은 어떠했을까.

제일 큰 아픔은 여기 있다. 영원 전부터 한 번도 끊어짐이 없이 교제해왔던 성부 하나님이었건만, 예수님이 우리 죄를 대신 짊어지고 십자가에 못 박혔을 때는 성부 하나님조차 고개를 돌리셨다. 그 순간 "나의 하나님 나의 하나님, 어찌하여 나를 버리시나이까?"라며 비명을 외쳐야만 했던 주님의 심정은, 그 단절의 아픔은 어떠했을까.

예수님은 이 고민과 슬픔으로 인해 얼굴의 땀방울이 핏방울 되기까지 기도하셨다. 그리고 마침내 십자가에 달리심으로 우리가 하나님을 떠나 자신이 주인이 되어 살아왔던 죄, 손으로 지은 죄, 발로 지은 죄, 몸으로 지은 죄, 아무도 모르게 은밀하게 품었던 생각과 마음속에서 지었던 죄의 값까지도 빠짐없이 다 치러주셨다. 예수님이 십자가에 죽으심으로 우리는 다시금 하나님의 자녀가 될 수 있었고, 영원한 생명의 삶을 살 수 있게 되었다.

그래서 이사야 선지자는 이렇게 노래했다.

그가 찔림은 우리의 허물 때문이요 그가 상함은 우리의 죄악 때문이라 그가 징계를 받으므로 우리는 평화를 누리고 그가 채찍에 맞으므로 우리는 나음을 받았도다 우리는 다 양 같아서 그

룻 행하여 각기 제 길로 갔거늘 여호와께서는 우리 모두의 죄악을 그에게 담당시키셨도다 사 53:5,6

십자가는 죄의 결과가 얼마나 처절한 것이며, 하나님의 공의는 얼마나 엄격한 것인가를 말해준다. 동시에 하나님의 뜨거운 사랑을 보여준다. 하나님이 예수 그리스도에게 죄를 담당시키시고 그를 십자가에서 심판하실 정도로 인간의 죄는 철저히 하나님의 심판을 요구한다.

하나님은 우리를 사랑하신다. 그러나 하나님은 우리의 죄를 그대로 간과하실 수 없는 공의로운 분이시다. 이에 하나님은 눈물겨운 십자가를 계획하셨으며, 우리를 구원하시기로 작정하셨던 것이다.

깊도다 하나님의 지혜와 지식의 풍성함이여 롬 11:33

십자가는 공의와 사랑이 만나는 하나님의 눈물겨운 지혜와 은혜였다. 죄인에게 생명과 자유를 주는 은혜의 자리였다.

은혜로 주어지는 구원

기독교를 대변하는 세계적 작가인 필립 얀시의 《놀라운 하나님의 은혜》 중에 나오는 일화이다.

영국에서 비교종교학회가 열렸다. 기독교 차례가 되자 사회자가 기독교의 독특한 특성이 무엇인가를 물었다. 한 학자가 '성육신'이라고 말하고, 다른 학자는 '부활'이라고 하였다. 그러자 몇몇 학자들이 반론을 제기하며, 신이 인간이 되었다는 것은 타 종교에서도 비슷한 이야기가 있다고 하였다. 부활도 그러하다고 하였다.

기독교 학자들은 잠시 할 말을 잊었다. 그때 옥스퍼드 대학의 세계적인 기독교 변증학자이자 작가인 C. S. 루이스가 손을 들고 발표했다.

"기독교의 특징은 한마디로 은혜입니다!"

루이스는 세계 어느 종교를 보아도 '은혜'를 가르치는 종교는 없다고 하였다. 불교의 고행 수행, 힌두교의 카르마(업적, 업보를 쌓는 것), 이슬람교의 꾸란을 지키는 것 등, 모두 인간의 합당한 노력으로 신의 호의를 입는 것을 주장한다. 그러나 기독교만이 '은혜'를 말한다. '은혜'란 '받을 자격이 없는 사람에게 일방적으로 조건 없이 베풀어지는 사랑'이다. 우리는 이 사랑, 이 은혜로 구원받아 그리스도인이 되는 것이다.

너희는 그 은혜에 의하여 믿음으로 말미암아 구원을 받았으니 이것은 너희에게서 난 것이 아니요 하나님의 선물이라 행위에서 난 것이 아니니 이는 누구든지 자랑하지 못하게 함이라 엡 2:8,9

그렇다. 우리 중에 행위로 구원받은 사람은 아무도 없다. 우리의 구원은 전적인 하나님의 은혜이다. 예수님이 십자가에 달려 우리의 모든 죄를 짊어지신 은혜이다. 종교개혁자들은 이것을 '오직 은혜'(솔라 그라티아, sola gratia)라고 불렀다. 비단 구원뿐만이 아니라 우리의 모든 삶은 하나님의 은혜 가운데 있다.

인간의 언어로 담아낼 수 없는 은혜

비트겐슈타인은 그의 명저 《논리 철학 논고》의 마지막 구절을 철학사에 남는 유명한 말로 장식한다.

"말할 수 없는 것에 대해서는 침묵해야 한다."

말로 할 수 있는 것이 있고, 말로 할 수 없는 것이 있다. '십자가'는 말을 넘어선다. 이 부족한 종의 중요한 사명 중 하나는 하늘나라의 은혜를 쉽고 친근한 땅의 언어로 말하는 것이다. 그래서 복음을 처음 접하는 사람들이 쉽고 가깝게 하늘의 음성을 들을 수 있도록 하는 것이다. 그래서 30여 년 가까이 복음의 이야기를 땅에 가득한 문학과 철학, 역사 등 인문학의 이야기와 수없이 접목해서 설명해왔다. 그러나 십자가는 그 어느 인문학적 이야기로도 담을 수가 없다. 마치 너무 멋진 풍경, 너무 좋은 맛은 말로 설명할 수가 없는 것처럼 십자가는 우리의 언어로 담기에 너무나 크다. 그러면 비트겐슈타인처럼 침묵해야 하겠는가? 아니다. 두 손 들어 감사하고 감사하고 찬양하고 찬양할 수밖에 없다.

어떤 영웅이 우리의 모든 죄를 짊어지고 고난받아 죽어 우리에게 죄 용서를 줄 수 있단 말인가? 어떤 지식이 우리에게 믿음으로만 구원을 얻는 이 놀랍고 신비한 도리를 가르쳐줄 수 있는가? 어떤 철학이 태초 이전부터 계셨던 분이 이 땅에 오신 사랑을 설명할 수 있겠는가? 어떤 예술이 하늘과 땅을 연결하는 십자가의 미학을 표현할 수 있을까?

십자가, 이것은 하나님의 사랑과 공의가 만나고 죄 용서를 주시는 구원의 놀라운 능력이다. 할렐루야!

우리가 아직 죄인 되었을 때에 그리스도께서 우리를 위하여 죽으심으로 하나님께서 우리에 대한 자기의 사랑을 확증하셨느니라 롬 5:8

에리히 마리아 레마르크 | **서부 전선 이상 없다**

서부 전선
이상 있다!

온 전선이 쥐 죽은 듯 조용하고 평온하던 1918년 10월 어느 날, 우리의 파울 보이머는 전사하고 말았다. 그러나 사령부 보고서에는 이날 '서부 전선 이상 없음'이라고만 적혀 있을 따름이었다.[58]

독일 작가 에리히 마리아 레마르크는 1916년 열여덟 살의 나이로 1차 세계대전에 자원입대한다. 독일 병사로서 그는 다섯 번이나 사선을 넘나드는 부상을 당했고, 이 경험을 바탕으로 전쟁의 처참함과 삶의 허무를 묘사한 《서부 전선 이상 없다》를 저술한다.

1차 세계대전이 일어나자, 주인공 파울 보이머(Paul Baumer)의

담임선생 칸토레크는 학생들을 현혹적으로 선동했다.

"드디어 때가 왔다. 조국을 위한 죽음은 달콤하고도 가치가 있다!"

보이머과 그의 친구 7명은 이 선동에 이끌려 엉겁결에 학도지원병으로 참전을 결심한다. 겨우 10주간의 훈련으로 그들은 병사로 만들어지고, 서부 전선 최전방에 배치되었다.

전쟁터는 오직 살기 위해 사람을 한없이 비정하게 만드는 지옥의 세계였다. 신병들은 현대전의 특징인 참호전, 진지전, 가스전을 대비한 교육을 받지 못한 채 투입되어 그야말로 개죽음을 당했다. 집중 포격, 지뢰, 탱크, 기관총, 독가스 등으로 병사들은 수없이 죽어갔다.

야전 병원은 처절한 비명을 지르는 부상병으로 가득했고, 아무도 지켜주지 않는 외로움과 배고픔의 연속이었다. 군의관은 하루에도 대여섯 명의 다리를 잘랐고, 고통으로 울부짖는 부상병에게 모르핀 주사 한 방을 놓아주지 않았다. 하루에 스무 명쯤 죽어나가는 병사를 보며, 다른 부상병을 위해 어서 시체를 치우라고 말할 뿐이었다.

전쟁은 그들에게서 인간다움을 빼앗아가며 전쟁 기계가 되도록 강요했다. 주인공 보이머도 더 이상 그림을 그리고 시를 좋아하던 따뜻한 청년이 아니었다. 장난기 가득하던 10대 소년들은 그저 살기 위해 적군을 죽였다. 살찐 들쥐를 심심풀이로 사냥하고, 시체에서 도둑질을 하고, 죽어가는 친구의 장화를 탐내

기도 했다.

이런 광경 속에서 주인공 보이머는 문득문득 전쟁 기계가 아닌 '인간'을 생각했다. 그는 참호 속에서 이렇게 탄식했다.

"나는 인식할 순 없지만 감정을 잃어버렸다는 사실을 안다. 나는 더 이상 여기에 속해 있지 않고 낯선 세상에서 살고 있다."

"이렇게 변해버렸는데 평화가 찾아온다고 무얼 할 수 있겠는가?"

"우리는 존재하고 있기는 하지만 이게 과연 살아 있는 걸까?"

친구들이 하나둘씩 죽어갔다. 가장 절친했던 휴머니스트 카친스키도 전사했다. 보이머는 친구의 죽음 앞에서 이렇게 말한다.

"모든 것은 예전 그대로이다. 다만 국경 수비병 슈타니슬라우스 카친스키가 죽었을 뿐이다. 그 이상은 나는 아무것도 아는 게 없다."[59]

그렇다. 모든 것은 예전 그대로이다. 한 우주가 죽어가도 모든 것은 예전 그대로이다. 카친스키가 죽었을 때만이 아니라 주인공 보이머가 죽었을 때도 그랬다. 이후 보이머는 다시 전선에 배치된다. 마지막 남은 그도 종전이 임박한 어느 날 프랑스 저격수에 의해 허망하게 사망한다. 그런데 그날의 군사 보고서는 다음과 같았다.

"서부 전선 이상 없다." All Quiet on the Western Front

다시 한 번 이 장면을 슬프게 읊조려 보자.

"온 전선이 쥐 죽은 듯 조용하고 평온하던 1918년 10월 어느 날, 우리의 파울 보이머는 전사하고 말았다. 그러나 사령부 보고서에는 이날 '서부 전선 이상 없음'이라고만 적혀 있을 따름이었다."

소설에서의 주인공의 죽음은 모든 것의 종말을 의미한다. 그러나 서부 전선의 큰(?) 시각에서 보면 그저 '이상 없다'이다. 역사에는 파울 보이머의 죽음이 기록되지 않고, 그를 포함한 전사자의 숫자만 기록될 뿐이다.

소설의 문체는 주인공 보이머의 1인칭 시점으로 진행되다가 맨 마지막에는 냉철하게 3인칭 시점으로 바뀐다. 그리하여 냉랭하게 말한다.

"서부 전선 이상 없다!"

정말 아무런 이상이 없는가?

비록 자신의 분신인 소설 속의 주인공은 죽었지만, 저자인 레마르크는 서부 전선에서 실제로 살아 돌아와서 "서부 전선 이상 있다!"라는 소설을 쓴 것이다. 서부 전선이 왜 이상이 없냐고, 분명히 이상이 있다고, 큰 우주가 죽었다고 소리치고 싶었던 것이다. 같이 크게 울어 달라고 말하고 싶었다. 그러나 우리는 잘 안다. 내가 간밤에 울었다고 해서 다음 날 아침 세상이 같이 울지도, 멈추지도, 기웃거리지도 않는다. 내가 죽어도 세상은 미동도 하지 않을 것이다. 이 허무함이라니!

남편을 잃고 생때같은 아들마저 잃은 소설가 박완서 님은 냉정한 세상을 향해 이렇게 절규했다.

> 내 아들이 죽었는데도 기차가 달리고 계절이 바뀌고 아이들이 유치원 가려고 버스를 기다리고 있다는 것까지는 참아줬지만 88올림픽이 여전히 열리리라는 건 도저히 참을 수 없을 것 같다. 내 자식이 죽었는데도 고을마다 성화가 도착했다고 잔치를 벌이고 춤들을 추는 걸 어찌 견디랴. 아아, 만일 내가 독재자라면 88년 내내 아무도 웃지도 못하게 하련만, 미친년 같은 생각을 열정적으로 해본다.[60]

온 존재가 무너진 것 같은 데 세상은 무심하게 변화가 없다. 더군다나 올림픽을 한다고 축제로 가득하다. 이것이 세상이다.

시인 이성복은 "네 고통은 나뭇잎 하나 푸르게 하지 못한다"라고 말했다. 옳다. 세상은 온통 무관심하다. 사랑하는 사람이, 아니 내가 고통 속에 죽어가도 나뭇잎은 여전히 자기 색을 띠고, 다람쥐는 무심하게 도토리를 줍는다. 나를 아는 몇 사람들이 잠시 슬퍼하지만 곧바로 일상 속에 파묻힌다. 이 허무함과 쓸쓸함을 어찌하면 좋겠는가. 우리의 삶은 아무리 많은 것을 소유하고 성취하고 웃고 포장을 해도, '허무'라는 알맹이를 벗어날 수가 없다.

《서부 전선 이상 없다》의 배경이 된 1차 세계대전은 전쟁이 현대전으로 바뀌는 분기점이었다. 그전에는 칼이나 방패, 창을 들고 인간과 인간이 싸우는, 몸과 몸이 부딪히는 전쟁이었다. 그러나 1차 세계대전 이후로는 인간과 인간이 아닌 인간과 기계가 싸운다. 총, 대포, 독가스 등으로 적군과 직접 부딪히기도 전에 죽거나 다친다. 더욱 비정해지는 전쟁터에서 살아도 죽어도 '인간'이란 없다.

비단 전쟁 때만 그런 것은 아니다. 일상의 죽음도 그러할 것이다. 우리가 죽는 날에도 버스와 지하철은 여전히 달릴 것이며, 스타벅스의 커피도 계속 잔을 비울 것이다. 한 우주를 품고 살았던 사람이 죽어도 서부 전선, 동부 전선, 남부 전선, 북부 전선은 이상 없다. 이것이 삶의 허무이다.

썩은 능금 같은 우리를 만나주시다

예수님은 이런 허무의 문제를 해결하실 수 있을까? 이 질문에 답하기 위해 먼저 이상(李箱)의 시 〈최후〉를 보자.

능금한알이추락하였다. 지구는부서질정도만큼상했다. 최후. 이미여하如何한정신도발아하지아니한다.

시인은 겨우 사과 한 알이 낙하했는데, 지구가 부서질 정도로 상했다고 한다. 그래서 이제 지구에는 어떤 정신의 싹도 발아하지 못할 지경이 되었다는 것이다. 참으로 대단한 능금이다.

그런데 대체 이 정도로 역사적인 능금 같은 사람이 몇이나 될까? 세상은 사과 한 알이 떨어지나 마나, 내가 사나 죽으나 아무 관심이 없어 보인다. 시인은 나의 죽음이 지구에 이 정도 상처가 될 수 있으면 좋겠다고 몸부림치는 것이다.

예수님은 썩은 능금 같은 사람들을 많이 만나셨다. 남편이 다섯이나 있었던 사마리아 여인, 일곱 귀신들렸던 막달라 마리아…. 이들은 후에 존귀한 자가 되어 귀하게 쓰임 받았다. 그중 막달라 마리아는 부활의 첫 증인이 되었다.

> 막달라 마리아가 가서 제자들에게 내가 주를 보았다 하고 또 주께서 자기에게 이렇게 말씀하셨다 이르니라 요 20:18

이것이 복음의 능력이다. 세상은 능금 하나 떨어지나 마나 눈 하나 까딱하지 않는다. 하나님은 성한 능금도 아닌 썩은 능금 같은 우리에게 시인이 그토록 갖고 싶었던 우주적 존재감을 주신다. 하늘의 가치를 품은 나, 지구가 충격 받을만한 나로 만들어 주신다.

나에게도 "이제 죽어 주께로 가는구나!" 하는 순간도 있었고, 지금도 투병 중이다. 예수님을 안 믿고 그저 강물에 지푸라기가 흘러가듯 살았다면 육신의 죽음 전에 이미 허무함으로 1차 사망을 했을 것이다. 세상은 내가 죽어도 "서부 전선 이상 없다"라고 한다. 그런데 주님은 이렇게 말씀하시며 수고했다고 안아주신다.

> 그의 경건한 자들의 죽음은 여호와께서 보시기에 귀중한 것이로다 시 116:15

저녁노을이 아름다운 것은 돌아갈 집이 있기 때문이다. 이 세상살이를 마칠 때 날 반겨줄 영원한 하나님과 영원한 하늘나라의 집이 있다는 것이 얼마나 고마운가. 사는 동안 전도와 선교, 구제를 하며 천하보다 귀한 영혼을 주께로 인도하는 생명의 삶을 살고, 죽어서도 하나님의 품에서 찬양으로 예배를 드리는 영원한 삶. 허무하지 않은 이 인생을 주신 하나님이 얼마나 좋은가.

우에하라 하루오 | **힘 빼는 기술**

사랑하면
힘을 **뺀다**

훌륭한 공예가가 가장 즐겨 사용하는 칼이 무엇일까? … (중략) … '잘 들지 않는' 칼이다. 너무 잘 드는 칼은 오히려 걸작을 만드는 데 방해가 된다고 생각하기 때문이다. … (중략) … 우키요에 화가들이 자주 사용하던 화법 중에 '한 색 빼기'라는 것이 있다. 마지막 한 가지 색만 더해주면 완성이 될 작품에, 일부러 색을 더하지 않고 붓을 내려놓는 기법이다.

이 기법으로 그림은 더욱 빛을 발하게 된다. … (중략) … 예로부터 밀어붙이기보다 물러서기를, 더하기보다 빼는 아름다움을, 미학이라고 생각해왔다.[61]

서예(書藝)의 대가에게 한 기자가 물었다.

"명필이 되는 길이 무엇입니까?"

대가가 대답했다.

"손과 어깨에 힘 빼는 데만 40년 걸렸습니다. 서예는 힘 빼는 것으로부터 시작합니다."

힘을 빼는 게 가장 큰 힘이다

가방을 새로 사면 가죽에 힘이 들어가 있어서 각이 서 있다. 보기엔 좋은데, 몸에 착 달라붙질 않아서 불편하다. 그럴 땐 문고리에 가방을 며칠 동안 걸어둔다. 가죽이 약간 늘어지면서 자연스럽게 모양이 잡히도록 힘을 빼는 것이다.

힘을 빼는 것이 가장 큰 힘이다. 힘을 뺀다는 것은 집착에서 벗어나 '흐름'과 하나가 된다는 것을 의미한다. 또한 자연스럽고 유연하게 대응할 수 있음을 의미한다. 힘을 주어야 아름다운 것보다 힘을 빼야 아름다운 것이 더 많다.

운동 고수들의 자세를 보면 힘을 빼고 유연하기 그지없다. 몸에서 힘을 빼는 것이 모든 운동의 기본이고, 머리에서 생각을 빼는 것이 모든 평안의 기본이 된다. 좋은 연기를 위해서는 감정에서 힘을 빼고, 좋은 노래를 위해서는 목소리에서 힘을 빼야 한다. 그림도 그러하다. 여분의 색이나 선을 덜어낸 넉넉함, 한 색 빼기를 통해 그 간격이 만들어내는 리듬이나 여백이 고요함을 느끼게 한다. 물에서 떠오르기 위해서도 몸에 힘을 빼야 한다.

움켜쥔 손의 힘을 빼고 손바닥을 펴면, 무한의 공간이 손바닥에서 열린다. 풍경도 그러하다. 힘을 빼고 내려갈 때 진짜 생의 풍경이 보인다. 힘을 빼면 산 뒤에 있는 그리운 것들, 산 밑에 있는 평화로운 것들, 산그늘에 숨은 애처로운 것들이 보인다.

대화는 더욱 그러하다. 힘을 빼고 적절하게 밀고 당길 때 소통이 이루어진다. 소통의 고수는 힘으로 상대를 누르지 않는다. 힘을 빼는 배려와 겸손함 속에서, 상대를 세워주며 소통한다. 그리하여 대인관계나 공동체의 운영에 있어서도 힘을 빼는 기술이야말로 리더십의 중요한 요인이 된다.

힘 빼는 기술은 자녀 양육에서도 너무나 중요하다. 부모의 얼굴에 힘이 너무 들어가 있으면 아이들이 주눅이 든다. 60점 받던 아이가 90점을 받아오면 고기 사주고 냉면 사주고 한 없이 칭찬해야 한다. 그런데 부모가 여전히 얼굴에 힘을 주면서 이런 말을 한다고 해보자.

"이걸로 만족하면 안 된다. 100점이 고지다. 고지가 바로 저기야. 더 열심히 하거라."

그래서 아이가 마침내 100점을 받아왔다고 하자. 그런데 여전히 부모는 얼굴에 힘을 주면서 이런 말을 한다고 해보자.

"방심하지 마라. 100점을 유지하는 게 중요하다. 절대 방심하지 마라."

이런 말을 늘 들으며 자란 아이는 살맛이 안 날 것이다. 힘을 빼야 아이들이 숨을 쉰다. 숨 쉬는 장독이 김치 맛을 더욱 그윽하게 품듯이, 숨을 쉬어야 아이들이 살 수 있다. 힘을 빼고 아이들을 보면, 하나님이 지으신 아이들의 참 모습이 보인다.

힘을 추구하는 인간

《군주론》을 쓴 마키아벨리가 이런 말을 했다.

"태초에 힘(권력)이 있었다."

인류의 역사는 힘을 가진 자가 힘이 없는 자를 지배해온 역사였다고 말할 수 있다. 힘이 있어야 평화도 유지되고, 자유도 있고, 낭만도 있다. 특히 국가 간의 문제는 철저한 힘의 논리이다. 국가가 부국강병(富國强兵)을 이루어야 생존도, 발전도 있다.

힘은 이렇듯 아주 중요하지만 힘처럼 위험한 것도 없다. 넬슨 만델라는 "우리의 문제는 힘이 너무 많은 데 있다"라고 했다. 힘이 많아지면 스스로 무한한 인간인 것처럼 착각한다. 힘은 자기 자신의 위치를 벗어나게 만든다. 힘을 가지면 더 큰 힘을 요구하며 아무도 대항할 수 없는 절대 힘을 추구한다. 죄를 짓는 것도 힘이 많을 경우에 그렇다. 힘이 있으면 누가 유혹하지 않아도 스스로 유혹의 자리로 들어간다.

그런 사람에게서 하나님은 종종 힘을 빼놓으신다. 이것이 하나님의 은혜이다. 스티브 도나휴의 《사막을 건너는 여섯 가지 방법》을 보면 우리 인생은 사막을 건너는 것과 같다고 했다. 그러면서 사막을 건널 때 "오아시스를 만나면 쉬어가라"라고 권면한다. 또한 "모래 웅덩이에 갇히면 타이어에서 바람을 빼라"라고 한다. 한마디로 힘을 빼라는 것이다. 힘을 빼야 인생의 욕망 구덩이에 더욱 박히지 않는다.

설교할 때도 내 힘을 빼고 온전히 하나님을 바라보아야 하나님의 영광이 드러난다. 내 힘이 들어가고 내 자랑이 들어간 설교는 감동도 없고 허무하기 짝이 없다. 그리하여 힘을 주시는 것도 은혜요, 힘을 빼는 것도 하나님의 은혜이다.

더 사랑하는 사람이 지는 법이다

하나님은 혈기왕성한 모세를 40세에 쓰지 않고 80세가 넘어서 쓰셨다. 힘을 빼고 쓰신 것이다. 바울 사도도 그러하다. 바울 사도는 육체의 가시로 인해 힘이 빠졌을 때, 하나님의 능력을 더욱 체험했다. 또한 바울 스스로가 힘을 빼고 유연해질 때 더욱 많은 영혼을 주께로 인도하게 되었다.

> 율법 없는 자에게는 내가 하나님께는 율법 없는 자가 아니요 도리어 그리스도의 율법 아래에 있는 자이나 율법 없는 자와 같이 된 것은 율법 없는 자들을 얻고자 함이라 약한 자들에게 내가 약한 자와 같이 된 것은 약한 자들을 얻고자 함이요 내가 여러 사람에게 여러 모습이 된 것은 아무쪼록 몇 사람이라도 구원하고자 함이니 고전 9:21,22

참 사랑은 힘을 뺀다. 권력은 '무언가를 할 수 있는 힘'이다. 그런데 사랑을 하면 그 권력을 놓아 버린다. 알랭 드 보통의 말을 들어 보자.

> 《옥스퍼드 영어사전》에서는 권력이란 '어떤 일을 하거나, 어떤 영향을 미치거나, 사람이나 사물에게 작용을 가하는 능력'이라고 한다. … (중략) … 전쟁에서는 도시의 방어벽을 무너뜨리거나 비행장에 폭탄을 투하할 수 있는 쪽이 힘이 있다. 경제계에서는 주식을 사들여서 시장을 공략할 수 있는 편이 힘이 있다. … (중략) … 사랑에서는 권력이 무엇을 할 수 있는 능력이 아니라, 아무것도 안 해도 되는 능력으로 간주된다. … (중략) … 사랑의 권력은 아무것도 주지 않을 수 있는 능력에서 나온다. 상대가 당신과 같이 있으면 정말 편안하다고 말해도, 대꾸도 없이 TV 프로그램으로 화제를 바꿀 수 있는 쪽에 힘이 있다. 다른 영역에서와는 달리, 사랑에서는 상대에게 아무 의도도 없고, 바라는 것도 구하는 것도 없는 사람이 강자다.[62]

모두들 권력의 힘을 알고 있기에 권력을 잡으려고 혈안이다. 권력은 '뭔가 할 수 있는 힘'이라고 했다. 그런데 사랑에서는 그 권력을 놓는다. 사랑하는 쪽이 안달한다. 사랑하면 권력을 빼고 자존심도 빼고 힘도 뺀다. 엄마와 딸이 싸우면 대개 엄마가 진다. 딸이 엄마를 사랑하는 것보다 엄마가 딸을 사랑하는 것이 더 크기 때문이다. 진짜 사랑하면 힘을 휘두르지 않고, 힘을 뺀다. 사랑의 권력을 휘두르는 사람은 덜 사랑하기에 그러하다.

대중 민요 〈갑돌이와 갑순이〉에 얽힌 교훈 깊은 유머가 있다. 이들의 이름이 왜 '갑'돌이와 '갑'순이냐면 평생 '갑'으로만 살아서 그렇다고 한다. 서로 갑으로만 살았던 이 둘은, 먼저 사랑한다고 하면 손해보는 것 같았다. 그래서 서로가 끝까지 말을 하지 않고 있다가, 갑돌이는 '을순이'에게 장가가고, 갑순이는 '을돌이'에게 시집갔다고 한다. 사랑보다는 고분고분한 '을'을 찾은 것이다. 그리하여 시집 장가가서 첫날 밤은 울었지만, 다음 날부터는 웃었다는 이야기이다.

참 사랑을 하면 갑질을 벗고 갑옷도 벗는다. 사랑하지 않으면 힘을 준다. 그러나 참 사랑을 하면 힘을 뺀다. 마치 을이 되는 것처럼 보인다. 사랑하기에 낮아지고, 사랑하기에 힘을 휘두르지 않고 약해진다. 이것이 예수님이 연약해보이시는 이유이다. 힘을 주며 무한대 바람을 먹은 맹꽁이배는 터지게 된다.

바리새인들은 힘을 주는 존재들이었다. 날카로운 칼이었다. 그러나 우주 만물을 창조하신 하나님은, 초라한 마구간에서 연약한 아기로 태어나 이 땅에 오셨다. 우리를 참 사랑하시기에 마치 을의 모습으로 오신 것이다. 힘을 빼신 채 낮고 헐한 영혼들을 만나고 안아주셨다. 예수님은 힘을 빼고 징계를 받으며 채찍에 맞으셨다. 그리고 십자가에서 죽으셨다.

'십자가'는 하나님이 사랑 때문에 힘을 빼신 최고의 사건이다.

그분이 징계를 받고 채찍에 맞으심으로, 그리고 십자가에서 죽으심으로 우리가 나음을 입었다(사 53:5).

신앙은 자신의 모든 힘을 빼고 자신의 등을 하나님의 등에 기대는 것이다. 자기를 부인하고 전 생애를 전폭적으로 하나님께 맡기는 것이다. 인생의 키를 붙들고 있는 손의 힘을 빼고, 주께 키를 맡기는 것이다.

우리를 사랑하시기에 힘을 빼고 이 땅에 오신 하나님께, 내 힘을 빼고 그분을 신뢰하는 것, 그것을 '믿음'이라고 한다.

이성복 | **오늘 아침 새소리**

그리움이 있는 사람은
복이 있나니

병이란 그리워할 줄

모르는 것

사람들은 그리워서

병이 나는 줄 알지 그러나

병은 참말로 어떻게

그리워할지를 모르는 것

이성복 교수의 시 〈오늘 아침 새소리〉이다.

이 시와 더불어 교과서에도 실린 고려시대 이조년의 유명한 시조를 같이 음미해보자.

이화(梨花)에 월백(月白)하고 은한(銀漢)이 삼경인 제
일지춘심(一枝春心)을 자규(子規)야 알랴마는
다정(多情)도 병(病)인 양하여 잠 못 이뤄 하노라.

다정(多情)이 병인 사람이 있다. 그리움이 병이 된다는 것이다. 그런데 이성복 시인은 그리움 때문에 병이 나는 것이 아니라, 그리워할 줄 모르는 것이 병이라고 한다. 사실은 같은 말이다.

우리 마음속에 그리움 대신에 차지한 것들이 있다. 이를테면 성공, 명예, 돈, 욕심, 시기…. 이런 것들로 인해 어느덧 그리움은 설 자리가 없어졌다.

기억과 추억의 차이

영화 〈죽은 시인의 사회〉의 원제는 'Dead Poets Society'이다. 즉, '죽은 시인의 사회'는 사람들이 시를 읽지 않을 정도로 메말라 시인들이 죽은, 그리하여 사람들도 모두 죽은 삭막한 사회를 연상시킨다.

시가 없고 그리움이 없으면 아무 느낌이 없는 플라스틱 인생이다. 살아온 세월만큼 그리움보다는 미운 사람들이 더 많은 사람도 있다. 불쌍한 사람이다. 그리움을 남길 수 있는 만남을 가졌다면 복이 있는 인생이다.

나태주 시인은 "사람의 능력 중에 가장 크고 좋은 능력은 그

리움의 능력이다"라고 했다. 헤르만 헤세는 "시인의 임무는 그리움을 일깨우는 것"이라고 했다.

인생이 아름다운 것은 그리움 때문이다. 그리운 친구, 그리운 동산, 그리운 고향, 그리운 것들이 우리를 행복하게 한다. 철새는 그리움의 힘으로 날아간다. 자기가 떠나온 늪지대의 물소리, 바람 소리가 그리워 구만리장천도 마다하지 않고 날아간다. 그리움이 있는 옛날을 '추억'이라 하고, 옛날에서 그리움을 빼면 그저 '기억'이 된다. 기억만 있는 철새는 고향으로 향하는 날갯짓에 힘이 없지만, 추억이 있는 철새는 푸르게 퍼득이며 날아간다.

영원에의 그리움이 심겨진 마음

혜원 신윤복이 남장(男裝) 여자라는 오해를 일으킨 〈바람의 화원〉이라는 팩션 드라마가 있었다. 드라마에서 단원 김홍도가 도화서 서생들에게 묻는다.

"그대들은 그림이 무엇이라고 생각하는가?"

서생들이 대답을 한다.

"사물을 한 치의 오차도 없이 묘사한 것이 그림입니다."

"멀고 가까운 것을 분별하는 것이 그림입니다."

혜원의 차례가 왔다.

"너는 그림이 무엇이라고 생각하느냐?"

"예, 저는 그리움이라고 생각합니다."

이 대답에 단원은 미소를 지었다.

'긁다', '그림', '글', '그리움'은 다 같은 어원에서 나온 말이다. 그림은 그리움이다. 글도 그리움이다. 글은 마음에 사무친 그리움을 긁어서 생긴 삶의 무늬이다. 임어당은 "문장에 파란이 없는 것은 여인에게 곡선이 없는 것과 같다"라고 했다. 글과 말에는 그 사람이 사무치게 갈구하는 그리움의 숨결이 반영되어 있다. 일상의 모든 것들은 눈을 떠야 보이지만, 눈을 감아야 보이는 것이 바로 그리움이다.

기다려주는 시간은 내가 그를 사랑하는 크기이다. 그리고 마침내 그 그리움이 다하여 병이 나는 것이 사랑이다. 망부석의 전설이 그것이다. 소월은 이렇게 말했다.

> 선 채로 이 자리에서 돌이 되어도
> 부르다가 내가 죽을 이름이여

성경은 더욱더 사랑의 그리움을 보여준다.

> 예루살렘 딸들아 너희에게 내가 부탁한다 너희가 내 사랑하는 자를 만나거든 내가 사랑하므로 병이 났다고 하려무나 아 5:8

사랑이 깊으면 그리움도 깊은 법. 하나님은 당신을 떠난 인간을 그리워하셨다. 마치 탕자의 아버지가 밤새 문 열어놓고, 집

나간 아들을 기다리는 그리움처럼 말이다. 죽을 것 같은 사랑의 그리움이다.

외로움은 다른 사람들을 만나면 되지만, 그리움은 '그 사람'이 아니면 안 된다. 다른 것으로 대체할 수 있으면 그것은 사랑이 아니다. 하나님은 우리를 다른 것으로 대신할 수 없는, 유일한 사랑의 존재로 여기셨다. 그래서 독생자 예수님까지 보내 십자가에 죽게 하시며 우리를 구원하셨다. 하나님의 그 사랑, 하나님의 그 그리움이 우리를 살렸다.

그런데 참 신비한 것이 있다. 인간의 마음속에도 지울 수 없는 영원을 향한 그리움이 있다는 것이다.

철학함의 시작은 '경이로움'에 대한 감탄 때문이다. 그 감탄이 질문으로 이어지고 그것이 철학함이 되었다. 그런데 경이로움의 형제가 있다. 바로 그리움이다. 독일의 시인 넬리 작스는 "모든 것은 그리움에서 시작한다"라며, 그리움이 모든 것의 동기가 된다고 말했다.

바로 이 그리움이 우리 시대의 탁월한 기독교 변증가 C. S. 루이스가 하나님을 믿는 계기가 되었다. 하나님을 믿게 되는 과정은 사람마다 다르다. 부모님이 하나님을 믿어 배 속에서부터 교회에 드나들다가 하나님을 믿는 사람에서부터, 하나님이 없다고 반대하다가 극적으로 돌이키는 사람까지 다양하다.

루이스는 원래 무신론자였다. 그는 "동의하지도 않았는데 창조되었다는 사실에 분노 비슷한 것을 느끼고 있었다"라고 말하면서 차라리 유물론적 세계관이 더 매력적이었다고 했다. 또한 거의 모든 무신론자들이 그러하듯이, 이 세상에 만연한 악과 부조리를 보면서 '하나님이 계시다면 이러한 악과 부조리를 지켜보고만 계시겠는가?' 하는 의문을 품었다.

그런 그가 하나님을 믿게 되었다. 마음속에서 지울 수 없는 '영원을 향한 그리움' 때문이다. 그 그리움의 실체를 찾아가다가 하나님을 만난 것이다.

루이스는 인간의 삶에서 부정하려고 해도 부정할 수 없는 그 무엇, 없앨 수 없는 그 무엇이 있음을 알았다. 그것은 바로 '갈망' 혹은 '그리움'(longing, Sehnsucht)이다. 루이스는 이 세상에 있는 것들로 잠재울 수도 가라앉힐 수도 없고 멈출 수도 없는 강렬한 갈망과 그리움을 영어로는 정확히 표현할 수 없어서, 독일어 단어 '젠주흐트'(Sehnsucht)를 사용하여 표현했다.

'이 갈망에 대한 정체가 무엇일까?'

'우리의 영혼 가운데 유한한 대상으로 채울 수 없는 빈 공간의 실체가 무엇일까?'

'도대체 누가 인간 안에 이 동경을 심어 놓은 것인가?'

루이스는 이런 점들이 궁금했다.

되찾고 싶은 마음, 그리움

한 걸음 더 깊이 들어가 보자. 인간은 없는 것을 그리워하지 않는다. 경험해보지 않았던 것을 그리워하지 않는다. 가져보았던 것을 잃어버렸을 때, 그것을 다시 되찾고 싶은 마음이 그리움이다.

예를 들어, 팔을 하나 잃은 사람은 잃은 팔을 그리워한다. 그런데 두 팔이 다 있는 사람이 팔이 하나 더 있으면 좋겠다면서 없는 팔을 그리워하지는 않는다. 그런데 원시적인 부족에서부터 최첨단 과학 문명 속에 사는 도시 사람에 이르기까지, 그야말로 동서고금을 막론하고 신(神)에 대한 관념이 없었던 문화는 없다.

그렇다면 신에 대한 관념은 어디에서부터 비롯된 것일까? 사람들은 없는 신을 그리워하고 있는 것인가? 신이 없는 데도 신에 대한 관념을 만들어낸 것인가? 그렇지 않을 것이다. 없는 것을 그토록 오랫동안 그리워하지는 않을 것이다.

루이스는 바로 이런 점에 주의를 기울였다. 그는 정직한 지성을 가지고 주관적으로는 자신과 객관적으로는 사람들을 살펴보았다. 그랬더니 자신과 사람들 모두에게 지울 수 없는 신에 대한 그리움이 있는 것을 알게 되었다. 다시 말해본다.

"신이 없는 데도 그리워하는 것인가?"

루이스는 사람에게 '욕구'가 있다는 것은 그 욕구를 채워줄 대상이 있음을 보여준다는 것을 알았다. 욕구를 채워줄 수 있는 무엇이 없다면 어떻게 그런 욕구가 생겼겠는가? 욕구가 있으면, 그 욕구를 채워줄 수 있는 무엇도 항상 있다.

쉽게 말하면 이런 이야기이다. 사람에게는 배고픔의 욕구나 갈망이 있다. 그것은 먹을 것을 전제로 한다. 즉, 먹을 것이 존재하기 때문에 먹고 싶은 욕구가 생겨난다는 것이다. 성적인 갈망도 그러하다. 성적 대상인 이성이 존재하기에 성적인 욕구가 있다는 것이다. 목마름도 그러하다. 목마름의 욕구는 그 목마름을 해결할 수 있는 생수가 있기 때문에 목마름이 있다는 것이다. 마찬가지이다. 신에 대한 욕구와 갈망이 있다는 것은 신이 실제로 존재하기에 그러하다는 것이다. 루이스의 말을 직접 들어보자.

> 피조물이 태어날 때부터 느끼는 욕구가 있다면, 그 욕구를 채워줄 것 또한 있는 것이 당연해. 아이는 배고픔을 느끼지. 그러니까 음식이란 것이 있잖아. 새끼 오리는 헤엄치고 싶어하지. 그러니까 물이란 것이 있는 거고. 또 사람은 성욕을 느껴. 그러니까 성관계란 것이 있잖아. 그런데 만약 이 세상에서 경험하는 것들로 채워지지 않는 욕구가 내 안에 있다면, 그건 내가 이 세상이 아닌 다른 세상에 맞게 만들어졌기 때문이라는 것이 가장 그럴듯한 얘길 거야.[63]

우리 마음속에는 하나님 아니고는 어느 누구도 채울 수 없는 빈 공간이 있다. 이 세상에서 누릴 수 있는 기쁨을 많이 누려보아도 결코 채울 수 없는 욕구, 그리움이 있다. 그렇다면 이 영원을 향한 욕구를 채워줄 수 있는 어떤 대상이 있다는 것을 의미하지는 않는가?

충족되지 않은 허전함을 안고 낯설고 신비한 곳에 가본다고 하자. 처음엔 좋다. 그러다가 점차 이런 생각이 든다.

'이게 전부인가?'

인간은 그 어떤 소유를 갖게 되어도, 어떤 성취를 이루어도 그 목표가 성취되면 허무와 권태 속에 빠진다. '이게 전부인가?' 하는 생각과 더불어 더 높은 것을 향한 아쉬움이 있다. 눈과 귀는 잠시 현혹될 수 있다. 그러나 우리 영혼은 현혹되지 않으며 영원한 대상을 향한 그리움을 느낀다.

무신론자들은 이 영원을 향한 그리움을 억제한다. 그들은 대상을 바꾸어가면서 다른 종류의 만족을 추구한다. 그러면서 애써 영원을 향한 그리움을 지우려 한다. 그런다고 영원을 향한 그리움이 지워지는 것은 아니다. 심지어 영원에 대한 가짜를 내세워 영원을 얻으려 한다. 중국의 진시황을 보라. 영생을 향한 갈망을 불로초가 채워줄 수 있다고 흉내를 낸다. 그러나 가짜에 불과하다.

루이스는 인간이 우상을 만들고 숭배하는 이유는 인간에게 지울 수 없는 하나님의 흔적이 있기 때문임을 알게 되었다. 마치 집을 나온 탕자가 아버지를 향한 기억을 지울 수 없듯이, 인간은 하나님을 향한 기억을 지울 수 없다. 그림이 화가의 흔적을 자신 안에 담고 있듯이, 시가 시인의 마음을 자신의 시에 담고 있듯이, 인간은 하나님을 사모하는 마음을 자신 안에 담고 있다.

루이스는 이렇듯 자신과 인간들의 마음에 영원에 대한 그리움이 있는 것을 발견하고는 하나님을 깊이 묵상하게 된다. 루이스는 무조건 "믿습니다!" 하면서 하나님을 찾은 것이 아니다.

우리는 종종 이런 생각을 한다.

'신앙은 지적인 면을 포기해야 얻을 수 있는 것인가?'

'더 나아가 지적인 자살을 해야 신앙을 가질 수 있는 것인가?'

이런 고민을 하는 사람에게 루이스는 좋은 귀감이 된다. 루이스는 자신의 지적인 정직성을 유지한 채 신앙에 이르렀다.

그리움과 그리움이 만날 때

정리해보자. 인간의 마음속에는 영원을 향한 마음이 있다. 그래서 사람들은 우상이라도 만들어 영원으로 향하는 마음을 충족시키려 한다. 혹은 다른 것들에 마음을 쏟으면서 영원에로의 마음을 애써 억누르려 한다. 그러나 이런 것들은 가짜일 뿐이다. 루이스는 진짜를 발견하고 싶었다.

> 이 갈망을 계속 추구하면서 거짓 대상들을 하나하나 밝히고, 거짓임이 드러나면 단호히 내버리는 과정을 통해 갈망의 정체를 마침내 알게 되리라 저는 생각합니다.[64]

그는 그리움의 실체에 대한 깊은 묵상 가운데 어느 날 회심하는 경험을 하게 된다.

독일 베네딕토 수도회의 안셀름 그륀 신부는, 욕망을 끝까지 따라가다 보면 결국 하나님에 대한 그리움만 남게 된다고 했다. 종교개혁자 존 칼빈은 '영원을 향한 그리움을 신(神) 의식'(sensus divinitatis)이라고 표현한다. 그리고 성 어거스틴은 이렇게 말한다.

> 당신은 우리를 당신을 향해서(ad te) 살도록 창조하셨으므로 우리 마음이 당신에서(in te) 안식할 때까지는 편안하지 않습니다. Fecisti nos ad te, Deus, et inquietum est cor nostrum, donec requiescat in te.[65]

성경 말씀 그대로이다. 하나님이 우리에게 영원을 사모하는 마음을 주셨기 때문에 우리는 늘 영원에 대한 생각을 한다.

> 하나님이 모든 것을 지으시되 때를 따라 아름답게 하셨고 또 사람들에게는 영원을 사모하는 마음을 주셨느니라 전 3:11a

히브리어 원문대로 번역하면 '영원을 그들의 마음속에 (심어) 주셨다'는 뜻이다. 인간은 영원의 존재로 지음을 받았기에 세상의 기쁨만으로 결코 만족할 수 없는 존재이다.

우리는 그리움을 상실한 시대를 살고 있는지도 모른다. 친구보다 스마트폰이 가깝고, 대화보다 SNS가 빠르고, 혼자 먹는 밥이 점점 편해진다.

그리워할 줄 모르는 것은 병이다. 이런 세상 가운데 그리움을 가진 사람은 복이 있다. 하나님의 그리움으로 우리가 구원을 얻었다. 그 하나님을 향한 그리움이 가득한 사람은 진정 복이 있는 사람이다.

우리를 향한 하나님의 그리움과 하나님을 향한 우리의 그리움이 만날 때, 지울 수 없는 먹물 같은 사랑의 이야기가 시작된다.

에리히 프롬 | **사랑의 기술**

사랑은 느끼기가 아니라 배우기다

사랑은 기술인가? 기술이라면 사랑에는 지식과 노력이 요구된다. 혹은 사랑은 우연한 기회에 경험하게 되는, 다시 말하면 행운만 있으면 누구나 '겪게 되는' 즐거운 감정인가? 이 작은 책은 '사랑은 기술이다'라는 견해를 전제로 하고 있지만, 대부분의 현대인들은 물론 사랑은 즐거운 감정이라고 믿고 있다. … (중략) … 사랑에 대해서 배워야 할 것이 있다고 생각하는 사람은 거의 없다.[66]

운전 미숙자와 사랑 미숙자의 공통점이 있다. 미숙해서 사고를 내면 자신뿐 아니라 상대방에게도 큰 상처를 준다는 것이다. 거리와 카페, 라디오와 TV 방송에서 가장 많이 흘러나오는 노래가 '사랑 노래'이다. 시와 소설도 사랑 시와 사랑 소설이 가장 많다. 영화도 그러하고 드라마도 그러하다.

이렇듯 늘 사랑 타령 속에서 살아가니 사람들은 자신들이 사랑을 잘 알고 있다고 착각한다. 이런 착각 속에 사랑을 미숙하게 운전하다가 자신도 다치고 상대방도 다치는 사고를 낸다. 인생의 큰 기쁨도, 큰 아픔도 가까운 사람들을 통해 다가온다. 이른바 사랑하는 사람, 사랑했던 사람에게서 말이다. 그래서 사랑의 교통사고는 정말 아프다.

물을 주지 않으면 꽃은 죽는다

《사랑의 기술》은 우리가 흔히 생각하는 '사랑은 즐거운 감정'이라는 상식을 파괴한다. 에리히 프롬은 사랑은 '기술'이기에 사랑의 지식과 사랑을 배우려는 노력을 해야 한다고 한다. 실상 대부분의 현대인은 사랑이 중요하다고 믿지만 정작 배워야 할 것이라고 생각하는 사람은 거의 없다.

그러면서 사랑에 대한 큰 착각 속에 산다. 사랑은 저절로 알게 되고, 자신은 사랑을 잘 하고 있다는 착각이다. 사랑은 감정이나 느낌을 넘어, 의지이고 결심이자 신성한 약속이라는 것이 에리히 프롬의 선언이다. 따라서 사랑도 기술을 익히듯이 익히고 배워야 하며, 사랑에로의 배움이야말로 인생에 있어서 가장 큰 배움이라는 것이다.

꽃을 아낀다고 하면서도 물을 주지 않는 사람이 있다면, 그는 꽃을 사랑하는 사람이 아닐 것이다. 마찬가지이다. 사랑에 있어서도 숨 막히는 감정의 시작이 중요하지만, 그것은 시작에 불과하다. 이제 사랑이라는 꽃을 아름답게 키워가는, 물을 주는 '과정'이 중요하다.

이러한 '사랑의 과정'이 '사랑의 기술'이다. 사랑의 기술이 없는 사랑, 즉 배려와 예의와 희생이 없는 사랑은 구속과 폭력이 될 수 있다. 사랑이라는 이름으로 행해지는 폭력이 가장 무서운 폭력이다.

시인 최승호의 시 〈그 오징어〉에 이런 구절이 나온다.

그 오징어 부부는
사랑한다고 말하면서
부둥켜안고 서로 목을 조르는 버릇이 있다

사랑이라는 이름으로 그 긴 팔과 다리로 서로 목을 조른다고 생각해보라. 피아노를 잘 연주하려면 피아노 치는 법을 배워야 하듯이, 사랑에도 배워가야 할 기술이 있다.

삶이 기술인 것과 마찬가지로 사랑도 '기술'이라는 것을 깨달아야 한다. 어떻게 사랑해야 하는가를 배우고 싶다면, 우리는 다른 기술, 예컨대 음악이나 그림이나 건축 또는 의학이나 공학 기술

을 배우려고 할 때 거치는 것과 동일한 과정을 거치지 않으면 안 된다.[67]

프롬은 사랑에 실패하는 이유를 사랑에 대한 기술의 미숙성 때문이라고 한다. 그는 미성숙한 사랑의 대표적인 오류를 이렇게 지적하고 있다.

첫째, 사랑을 '사랑하기'가 아니라 '사랑받기'로 이해하는 점이다.

대부분의 사람들은 사랑의 문제를 '사랑하는', 곧 사랑할 줄 아는 능력의 문제가 아니라 오히려 '사랑받는' 문제로 생각한다. 그들에게 사랑의 문제는 어떻게 하면 사랑받을 수 있는가, 어떻게 하면 사랑스러워지는가 하는 문제이다.[68]

그래서 남자들은 성공하여 돈과 권력을 장악하려고 한다. 여성들은 몸치장에 몰두한다. 마치 그것만 갖춰지면 사랑은 절로 굴러온다는 듯이 말이다. 많은 사람이 사랑에 실패하는 이유가 사랑받기 위한 '조건'에 목숨 거느라 정작 '사랑하는 능력'을 키우지 못하기 때문이다.

사랑받기 위한 조건은 사랑의 준비 운동일 뿐이다. 사랑하는 능력이 본 게임이다. 준비 운동만 잘하다가 정작 본 게임에서 죽을 쑨다면 얼마나 허무한 일인가. 상대방의 마음, 감정의 흐름을 읽는 기술, 상대방의 말을 이해하는 기술, 말로 표현되지 않는 비언어적 몸짓을 읽는 기술, 배려하고 희생하는 마음 등, 사랑은 능동적 활동이다.

다시 말하지만, 사랑받는 조건을 만드는 것은 준비 운동에 불과하다. 상대방을 보호하고, 책임져주고, 존중해주는 능동적인 활동이 사랑이다.

둘째, 사랑을 '대상'의 문제라고 생각하는 점이다. '사랑하는 것'은 쉬운 일인데, 사랑하거나 사랑받을 '대상을 만나는 것'이 어려울 뿐이라고 생각하는 오류이다. 다시 말해 좋은 사랑의 대상만 만나면 그 사람과 사랑하는 일은 쉽다는 착각이다.

이런 태도는 그림을 그릴 줄 모르면서도 좋은 대상만 찾아내면 좋은 그림을 그릴 거라고 생각하는 것처럼 터무니없는 생각이다. 좋은 차를 구해도 운전 기술이 없으면 소용이 없듯이 말이다. 말에 올라타는 것도 중요하지만, 말을 달리는 기술도 중요하다.

사랑해서 결혼했다고 하자. 결혼은 시작이지 결코 끝이 아니다. 수많은 영화와 드라마는 남녀가 결혼하면서 끝나지만, 결혼은 해피엔딩이 아니라 전쟁(?)의 시작이다.

셋째, 사랑을 감정으로 생각하는 오류이다.

우리는 생애의 중요한 요인 곧 '의지'라는 요인을 무시하고 있다. 어떤 사람을 사랑한다는 것은 결코 강렬한 감정만은 아니다. 이것은 결단이고 판단이고 약속이다. 만일 사랑이 감정일 뿐이라면, 영원히 서로 사랑할 것을 약속할 근거는 없을 것이다. 감정은 생겼다가 사라져버릴 수 있다.[69]

사랑에 속는 것은 그 강렬한 감정 때문일 것이다. 뜨거운 감정이 있을 때는 사랑하고 있는 것이고, 감정이 희미해질 때는 사랑도 식었다고 생각하는 오류이다.

서로에 대해 미쳐버리는 감정이 사랑의 증거일 수도 있지만, 그것은 그들이 서로 만나기 전에 얼마나 외로웠는가를 입증할 뿐이라고 프롬은 지적한다. 물론 사랑에는 뜨거운 감정이 있다. 그러나 사랑이 영원하다는 것은 감정을 넘어서 '사랑의 약속과 의지' 때문이다. 사랑에 빠지는 최초의 순간, 그 숨 막힐 듯한 감정의 두근거림은 사랑의 작은 일부일 뿐이다. 시작에 불과한 것이다.

사랑의 시작도 중요하지만, 사랑의 과정은 더욱 중요하다. 사랑의 가장 아름다운 과정이 바로 '사랑의 의지'이다. 즉, '감정의 사랑'을 넘어 '책임 있는 사랑'으로 가야 성숙한 사랑이다. 책임 있는 사랑이 바로 의지적인 사랑이다. 사랑을 감정으로만 여기는 것은 사랑을 100미터 달리기로 생각하는 것과 같다. 이는 제비족이나 하는 것이다. 사랑을 하는 것이 아니라 사탕을 탐하는 것이다. 사랑은 100미터 달리기가 아니라 마라톤이다. 한평생을 희생하며 섬기는 것이다.

분명 '사랑의 설레임'은 서서히 사라지게 된다. 그러면 사랑이 식어지는 것이 아니다. 그때부터는 '사랑의 깊이'를 추구해야 한다. 약속이 있는 사랑, 배려하고 희생하고 책임을 다하는 사랑의 의지가 바로 사랑의 깊이이다.

생텍쥐페리의 《어린 왕자》에 보면, 지구에 온 어린 왕자가 수천 송이의 장미를 보고 실망하는 장면이 나온다. 이제껏 별에 두고 온 자신의 장미만이 전부인 줄 알았는데, 이렇게 많은 장미를 보자 멘붕이 온 것이다. 이때 현명한 여우가 말한다.

"너의 장미꽃을 그토록 소중하게 만드는 건, 그 꽃을 위해 네가 소비한 그 시간이란다."

세상에 수많은 장미가 있지만, 마음과 시간과 땀과 눈물을 쏟은 장미가 가장 소중하다는 것이다. 사랑은 감정도 중요하지만, 감정을 넘어서는 사랑의 의지가 중요하다.

대치하지 않으시는 사랑

그렇다면 제일 좋은 사랑의 모델이 무엇일까? 당연히 하나님의 사랑이다. 하나님의 사랑이 아름다운 이유가 여기 있다. 하나님은 사랑할만한 사람을 사랑한 것이 아니다. 하나님은 우리가 죄인 되었을 때, 하나님의 사랑에 반응하지 않고, 심지어는 하나님께로부터 돌아서 원수가 된 그때 우리를 사랑하셨다.

우리가 아직 죄인 되었을 때에 그리스도께서 우리를 위하여 죽으심으로 하나님께서 우리에 대한 자기의 사랑을 확증하셨느니라 롬 5:8

곧 우리가 원수 되었을 때에 그의 아들의 죽으심으로 말미암아 하나님과 화목하게 되었은즉 화목하게 된 자로서는 더욱 그의 살아나심으로 말미암아 구원을 받을 것이니라 롬 5:10

뿐만이 아니다. 하나님은 마치 "나 아니면 안 된다"라는 마음으로 우리를 사랑하셨다. 외로움은 좋은 사람을 만나면 된다. 그런데 그리움은 아무리 좋은 사람을 만나도 안 된다. '그 사람'이 있어야만 그리움이 없어진다.

1997년 8월 괌에서 KAL 여객기 추락 사고가 있었다. 이 사고로 229명이 사망했고 25명이 부상을 입었다. 이 사고에서 정치인 신기하 의원이 죽게 된다. 아들이 죽었다는 소식을 들은 노모(老母) 이묘현 여사는 가슴을 치고 통곡하며 그 날부터 음식을 입에 대지 않았다.

"기하야, 네가 보고 싶다."

노모는 죽은 아들을 생각하면서 슬퍼하다가 결국 50일 만에 세상을 떠났다. 이 노모의 슬하에는 신 의원 외에도 아들과 딸이 많이 있었다. 그리고 그 밑에서 난 손자와 손녀들도 많았다. 그런데도 다른 자식들이 죽은 자식을 대신할 수 없었던 것이다.

사랑은 다른 것으로 대치할 수 없는 것이다. 하나님이 우리를 '이처럼' 사랑하셨다.

> 하나님이 세상을 이처럼 사랑하사 독생자를 주셨으니 이는 그를 믿는 자마다 멸망하지 않고 영생을 얻게 하려 하심이라 요 3:16

죄에 빠진 우리를 포기하고 새롭게 창조하면 되는데, 수많은 선지자를 보내시고, 마침내는 아들 예수까지 보내 십자가에 죽게까지 하시면서 우리를 구원하시려 했다. 마치 "너 아니면 안 된다"라는 마음으로 사랑하신 것이다. 그리고 변함없는 사랑의 의지와 책임으로 지금도 우리를 주목하고 계신다. 우리를 향한 하나님의 사랑의 의지를 보자.

> 너와 나는 약혼한 사이, 우리 사이는 영원히 변할 수 없다. 나의 약혼 선물은 정의와 공평, 한결같은 사랑과 뜨거운 애정이다. 진실도 나의 약혼 선물이다. 이것을 받고 나 야훼의 마음을 알아다오. 호 2:21,22, 공동번역

이 세상에서 수없이 흩날리고 있는 사랑의 시들과는 비교할 수 없는 사랑의 시, 사랑의 약속이 여기 있다. 우리가 배워가야 할 사랑의 샘플이 여기 있다. 사랑은 계속 배워가야 한다. 우리는 하나님의 사랑을 닮아가야 한다.

스티븐 스필버그 | **라이언 일병 구하기**

찌질한 일병인
나를 구하기 위해

2차 세계대전. 라이언 가문은 네 형제가 모두 전쟁에 참전했는데, 막내만 제외하고 모두 전사했다. 미행정부는 막내 제임스 라이언만이라도 살려 보내는 것이, 그 어머니를 조금이나마 위로하는 길이라고 생각한다. 이에 공수부대 밀러 대위에게, 적진 한가운데 떨어져 있는 라이언 일병을 구해 집으로 돌려보내라는 명령을 하달한다. 힘든 임무다. 밀러 대위는 정예 대원 7명을 데리고 떠난다.

"한 사람을 구하기 위해 여덟 명의 목숨을 걸어야 합니까?"

대원들은 자신들에게도 어머니가 있다고 했다. 자신이 죽으면 자신들의 어머니 또한 슬퍼할 것이라며, 작전의 정당성에 의구심을 품는다. 당연하다. 한 사람의 생명이 귀중하다면 다른 사람의 생명도 귀중한 것이다. 밀러 대위는 대원들을 추스르고, 마침내 라멜 외곽지역에서 극적으로 라이언을 찾게 된다.

하지만 다리를 사수해야 하는 임무를 받은 라이언은 혼자만 떠날 수 없다고 한다. 몇 번을 설득해도 안 되자 밀러와 대원들은 라이언과 함께 싸운다. 탱크와 장갑차를 앞세운 독일군과 용감하게 맞섰지만, 중과부적으로 대원들이 죽어간다. 밀러 대위도 최후의 순간을 맞으며 라이언에게 마지막 말을 남긴다.

"이것을 받아! 부디 살아남아. 잘 살아."

결정적인 순간, 연합군의 비행기 폭격으로 라이언은 살아남게 된다. 이후 라이언은 일생을 누구보다 보람 있게 살려고 노력했다. 그리고 먼 훗날 가족을 데리고 밀러 대위의 묘소를 찾아 이렇게 말한다.

"제 가족이 함께 여기 왔습니다. … 당신이 그날 했던 말을 매일 떠올립니다. 저는 최선을 다해 살려고 했습니다. 최소한 당신이 보기에, 제가 당신들이 제게 해준 것에 걸맞게 살았기를 빕니다."

밀러의 마지막 당부처럼 자신이 누구보다 잘 살았노라고 고백하며, 자신을 대신하여 죽음을 택한 그에 대한 고마움에 눈물을 흘린다.

〈라이언 일병 구하기〉는 신문, 방송, 칼럼, 심지어는 정치권에서도 아직까지 회자되면서 끊임없이 이 질문을 제기한다.

"여덟 명의 생명을 희생하면서까지 한 사람의 생명을 구하는 것이 의미가 있는 일인가?"

그가 세계적인 의미를 갖는 사람이라면 모르지만, 그저 평범한 한 군인에 불과하다면 말이다.

99:1의 선택

성경에도 이와 비슷한 이야기가 있다. 누가복음 15장을 보면 잃은 양 한 마리를 찾아 나서는 목자의 이야기가 나온다.

> 너희 중에 어떤 사람이 양 백 마리가 있는데 그중의 하나를 잃으면 아흔아홉 마리를 들에 두고 그 잃은 것을 찾아내기까지 찾아다니지 아니하겠느냐 또 찾아낸즉 즐거워 어깨에 메고 집에 와서 그 벗과 이웃을 불러 모으고 말하되 나와 함께 즐기자 나의 잃은 양을 찾아내었노라 하리라 눅 15:4-6

이 이야기에는 두 가지 의문점이 있다. 첫째, 맹수와 도적의 위협이 있는데 아흔아홉 마리를 방치한 채 한 마리 양을 찾아나서는 것이 합당한 일인가? 둘째, 잃은 양을 찾은 후 그 양보다 더 많은 비용이 드는 잔치를 벌이다니, 이게 말이 되는가? 배보다 배꼽이 큰 경우이다. '최대 다수의 최대 행복'이라는 양적 공리주의 입장에 비추어보면, 말도 안 되는 처사다. 한 계층의 희생으로 다른 계층의 이익이 커질 수 있다면, 소수의 이익은 희생될 수도 있을 텐데 말이다.

〈라이언 일병 구하기〉와 '잃은 양 한 마리 비유'의 핵심은 바로 '한 사람의 소중함'이다. 〈라이언 일병 구하기〉의 경우를 보자. 국가는 충성을 다한 한 사람을 최선을 다하여 존중한다. 이것이 국가의 의무이다. 각 나라마다 자국 병사의 유해를 고국으로 송환하는 데 마음을 쏟는 이유가 이것이다.

라이언 일병과 그 형제들은 충성스러운 군인이었다. 그래서 여덟 명이나 희생하면서까지 그를 데리고 오려는 것은 얼핏 이해가 간다. 그러나 잃은 양 한 마리 같은 우리는 아무런 공로도 없는 '찌질한 일병' 같은 존재였다. 그런 우리를 위하여 예수님은, 마치 이 우주에 나 한 사람만 있는 양, 우리를 찾아 이 땅에 오시고 십자가에서 죽으셨다. 이해할 수 없는 일이다. '사랑'이라는 이유 말고는 해석할 수가 없다.

우리 교회는 서울 강남구 삼성동에 있다. 이 동네는 반려견 사랑이 넘치는 곳이다. 자동차 창문이 스르륵 열리면 사람 대신에 개 두 마리가 느긋하게 고개를 내미는 경우를 많이 본다. 유모차에 개가 타고 다니는 모습도 부지기수다.

그중에 제일 인상적인 것은 전봇대에 붙은 "개를 찾습니다" 하는 광고다. 집 나간 개를 찾는 광고인데, 찾아주면 600만원을 사례하겠다는 광고가 있었다. 그 광고를 보는 순간, '이것이 주님의 사랑이구나' 하고 느끼게 되었다. 집 나간 개 대신에 새 강아지를 사면 된다. 100만원이면 족보 있는 예쁜 강아지를 살 수 있을 것이다. 그런데 600만원이나 들여서 기어코 집 나간 개를 찾으려 한다. 이것이 바로 사랑이다.

사랑은 다른 것으로 대체할 수 없는 그 무엇이다. 하나님은 죄에 빠진 우리 인간을 버리고, 새로운 창조를 하시면 그만이실 텐데, 새로운 '창조' 대신에 '구원'이라는 기나긴 아픔의 여정을 시작하셨다.

수많은 선지자들을 보내 죽게 하시고, 마침내 아들이신 예수님을 보내 십자가에 죽게까지 하시면서 우리에게 구원의 길을 주셨다. 창조는 당신의 말씀으로 하셨는데, 구원은 당신 아들의 피로 이루셨다. 참 귀한 값을 치루셨다. '사랑' 때문이다.

한 사람의 의미

〈라이언 일병 구하기〉의 밀러 대위는 죽어가면서 라이언에게 "이것을 받아! 부디 살아남아. 잘 살아"라고 말한다. 우리 대원들의 희생을 받고, 우리의 희생을 영예롭게 하라는 것이다. 이것이 영화의 중요 주제 중의 하나이다. 이에 라이언은 대원들의 희생이 헛되지 않게 보람 있고 의미 있는 삶을 살았다고 고백한다.

마찬가지다. 죄로 가득했던 우리는 주님으로부터 죄 용서와 생명의 삶과 풍성한 삶까지 모든 것을 받았다. 그 사랑을 받은 우리가 어찌 헛된 삶을 살 수 있으랴.

그리고 맡은 자들에게 구할 것은 충성이니라 고전 4:2

  하나님의 사랑을 받고 변화된 나 '한 사람'을 우습게 보지 말라. 변화된 나 한 사람의 날갯짓이 지구에 태풍을 몰고 올 수도 있다.

  알래스카는 미국 본토의 5분의 1, 한반도의 7배, 남한의 15배로 미국에서 가장 면적이 넓은 주(州)이다. 빙하 등 거대한 대자연의 위용을 접할 수 있는 몇 안 되는 곳으로 금, 석유 등 천연자원이 풍부할 뿐더러 미국의 전략적 요충지이다.

  문명 세계에 알래스카가 알려진 것은 1741년, 러시아 표트르 대제의 명령을 받은 덴마크 탐험가 비투스 베링이 이 일대를 탐험하면서부터이다. 당시 러시아의 주된 관심은 알래스카 모피였다. 러시아 해군이 이곳에 주둔한 것도 모피 때문이었는데, 모피 무역이 시들해지자 재정 적자에 시달리던 러시아는 1859년 미국에 알래스카를 팔겠다고 제안했다. 미국은 1867년 알래스카를 720만 달러에 사들였다. 1에이커(약 1224평)에 2센트 꼴이었다.

  그 무렵 미국 여론은 알래스카 매입에 부정적이었다. 하지만 당시 미 국무장관 윌리엄 시워드는 "눈 덮인 알래스카가 아니라 그 안에 감춰진 무한한 보고를 보자. 우리 세대를 위해서가 아니라 다음 세대를 위해 그 땅을 사자!"라고 외치며 의원들을 열심히 설득한 끝에 상원에서 알래스카 매입안을 통과시킬 수 있었다. 겨우 한 표 차이로 말이다.

30년 뒤 알래스카에서 금광이 발견되고 20세기 들어 석유 매장 사실까지 밝혀지면서 알래스카는 미국의 보물로 탈바꿈했다. 그때 한 표를 던진 사람은 역사를 바꾼 것이다.

알래스카뿐만이 아니다. 한 사람 때문에 바뀐 역사가 많다. 1645년, 영국의회는 91:90이라는 한 표차로 올리버 크롬웰에게 전 영국을 다스리는 총사령관의 통치권을 부여했다.

1649년, 영국 왕 찰스 1세는 135명으로 구성된 의원회의 심판을 받게 되었다. 68명이 처형에 동의하여 단 한 표 때문에 처형됐다.

1845년, 에드워드 헤네가 의원이 마음을 돌려 던진 한 표가 텍사스(Texas)를 미합중국의 한 주로 승인시켰다.

1868년, 한 표가 17대 대통령 앤드류 존슨(Andrew Johnson)을 탄핵의 위기에서부터 구해냈다.

1875년, 353:352 단 한 표 차로 프랑스는 왕정에서 공화국으로 바뀌는 새 역사를 시작했다.

1876년, 한 표가 루터포드 헤이스(Rutherford B. Hayes)에게 미합중국의 대통령 자리를 주었다.

비극적인 한 사람의 한 표도 있었다.

1923년, 한 표의 차이가 아돌프 히틀러를 나치당의 당수로 만들었다.

영국에 메리 튜더(Mary Tudor)라는 여왕이 있었다. 그가 얼마나 많은 그리스도인들을 핍박하고 많이 죽였는지 '피의 여왕 메리'(Mary the Blood)라고 불릴 정도였다. 화형장의 불꽃이 하루도 꺼지지 않을 정도로 잔혹한 피의 숙청이 이루어졌다. 그녀는 그리스도인들을 하찮게 여겼다. 그런데 그녀조차도 스코틀랜드의 존 낙스 만큼은 두려워했다. 존 낙스는 "기도하는 한 사람이 기도 없는 한 민족보다 강하다"라며 나라와 민족을 위해 기도한 종교개혁가이다. 메리 여왕은 이런 낙스를 가리켜 "존 낙스 한 사람의 기도는 수십만의 군대보다 더 두렵다"라고 할 정도였다.

이렇듯 '한 사람'을 우습게 보면 안 된다.

기도하는 한 사람이 필요하다

인류를 대표하는 두 사람이 있다. 첫 번째 사람은 아담이다. 한 사람 아담의 불순종으로 말미암아 인류는 죄의 저주 아래 놓이게 된다. 또 다른 한 사람은 예수 그리스도이다. 예수님의 순종함으로 말미암아 인류는 구원의 길이 열리게 되었다.

> 한 사람이 순종하지 아니함으로 많은 사람이 죄인 된 것같이 한 사람이 순종하심으로 많은 사람이 의인이 되리라 롬 5:19

한 사람으로 말미암아 많은 사람이 죄인되었고, 한 사람으로 말미암아 많은 사람이 의인이 될 수 있게 되었다.

한 사람의 영향력이 얼마나 중요한지는 바울 사도의 삶을 보아도 알 수 있다. 다메섹에서 예수 그리스도를 만나 회심한 바울 사도는 신약성경의 3분의 1에 해당하는 분량을 기록했다. 바울은 또한 선교를 통해 유럽 전역, 나아가 세계를 복음화 하는 데 결정적인 역할을 했다.

찌질한 일병같이 힘이 없는 한 사람이라고 낙심할 필요가 없다. 주님은 찌질한 일병 같은 우리를 위해 십자가에서 죽으시며 새 생명을 주시지 않았는가? 그리고 무엇보다도 우리는 큰일은 할 수 없을지 몰라도, 존 낙스처럼 기도할 수 있지 않는가? 우리가 큰 부대를 이끌 수는 없지만, 우리의 기도로 하늘의 군대를 불러올 수는 있다.

하나님의 은혜를 입은 우리는 결코 찌질한 일병으로 남지 않는다. 우리는 기도의 큰 용사로 살 수 있다. 그리하여 주님이 우리 인생을 결산할 날에 이렇게 말씀하실 것이다.

"기도하지 않는 수많은 능력자들보다 기도하는 너를 더욱 소중히 여겼다!"

정현종 | 광채 나는 목소리로 풀잎은

작은 당신의 신실함 때문에 지구가 안전하다

흔들리는 풀잎이 내게
시 한 귀절을 준다

하늘이 안 무너지는 건
우리들 때문이에요, 하고 풀잎들은
그 푸른빛을 다해
흔들림을 다해
광채 나는 목소리를 뿜어 올린다.

   정현종 님의 시 〈광채 나는 목소리로 풀잎은〉 중에 나오는 구절이다.

하늘이 안 무너지는 건 철인(哲人)들의 고매함 때문이 아니라, 여린 풀잎들이 그 푸른 빛을 다하고, 흔들림을 다하기 때문이다. 지구가 질서 있게 유영하는 것은, 지구를 떠받치고 있다는 거인(巨人) 아틀라스의 땀 때문이 아니라, 하나님의 은혜 때문이고, 여린 풀잎 같은 그대가 이름 없고 빛도 없는 곳에서 쏟고 있는 사랑의 섬김 때문이다.

시인 안도현님의 아포리즘 《네가 보고 싶어서 바람이 불었다》에 보면 이런 구절이 나온다.

> 여름날 산과 들이
> 온통 푸르름으로 가득 차게 되는 까닭은
> 아주 작은 풀잎 하나, 아주 작은 나뭇잎 한 장의
> 푸르름을 손 안에 움켜쥐고 있기 때문이다.

풀잎들은 그 작은 손에 푸르름을 손에 쥐고 푸른빛을 다해, 흔들림을 다해, 오늘도 하늘과 땅을 받치고 있다. 묵묵히 작은 일에 충성하며, 주어진 사명을 다하는 작은 당신이 이 땅의 진정한 영웅이다.

역사의 밀알들

독일의 극작가 베르톨트 브레히트(Bertolt Brecht)는 〈책 읽는 어느 노동자의 질문〉(Rageneines lesenden Arbeiters)이라는 시를 썼다.

성문이 일곱 개나 되는 테베를 건설한 것은 누구일까?
책 속에는 왕들의 이름만 나온다. 왕들이 손수 돌덩이를 운반했을까?
그리고 바빌론은 몇 차례나 파괴되었다는데
그때마다 누가 그 도시를 재건했던가?
황금빛 찬란한 리마에서 건축 노동자들은 어떤 집에 살았을까?
만리장성이 완공된 그날 밤 벽돌공들은 어디로 갔던가?
위대한 로마에는 개선문이 참 많다. 누가 그것들을 세웠던가?
… (중략) …
젊은 알렉산더가 인도를 정복했다. 그가 혼자서 해냈을까?
카이사르는 갈리아를 정벌했다. 적어도 취사병 한 명쯤은 데리고 있지 않았을까?
스페인의 필립 왕은 그의 함대가 침몰하자 울었다.
다른 사람들은 아무도 울지 않았을까?
프리드리히 2세는 7년 전쟁에서 승리했다.
그 말고도 누군가 승리하지 않았을까?
역사의 페이지를 넘길 때마다 승리가 나온다.
그럼 승리의 축제는 누가 차렸을까?
10년마다 영웅이 나타난다.

거기에 드는 돈은 누가 냈던가?

그 많은 이야기들.

그 많은 의문들.

브레히트는 과거 화려한 역사로부터 그 화려함에 기여한 이름 모를 영웅들을 불러내고 있다. 평범한 노동자, 석공, 일반 병사, 요리사….

사실 이들이 역사의 밀알들이다. 그런데 이들은 역사에 기록되지 않았다. 왜일까? 역사가가 역사의 주인공이라고 여기는 왕과 장군, 영웅들을 중심으로 역사를 기록했기 때문이다. 이것이 세상 역사 기록의 실상이다.

그러나 하나님 나라의 역사는 다르다. 하나님은 우리의 머리카락의 수까지 다 안다고 하셨다. 하나님은 우리가 작은 자들에게 냉수 한 사발 대접한 것도 다 기억하신다.

작은 것에 충성하라

브레히트도 역사 속의 작은 자들을 다 불러낼 수는 없다. 그러나 하나님은 여리디 여린, 그러나 분명 역할을 했던 작은 자의 작은 일을 기억하신다.

엉겅퀴, 부전나비, 억새풀, 쪽대풀, 풀무치, 오리나무, 쓰르라미, 물푸레, 찔레 덤불, 참나무, 불개미, 산나리, 산을 지탱하고 있는 비탈들, 별과 별 사이의 어둠, 갈대밭에 사는 바람…. 하나님은 풀 한 포기, 벌레 한 마리, 존재 같지도 않는 여린 존재도 모두 기억하시는데, 사람은 더욱 그러하다.

충무공 이순신의 《난중일기》에서 제일 감동스러운 부분이 있다. 이순신이 병사, 마을의 고로(古老)와 특히 노복(奴僕)들에 이르기까지 낮고 헐한 사람들의 이름을 일일이 기록했다는 점이다.

> 소문에 종 갓동(同)과 철매(哲每)가 병으로 죽었다고 하니 참 불쌍하다. 중 해당(海堂)도 왔다….[70]

> 새벽에 종 한경(漢京), 돌쇠(乭世), 해돌(年石) 및 자모종(自慕終) 등이 돌아왔다. 저녁에 종 금이(金伊), 해돌, 돌쇠 등이 돌아갔다. 양정언(梁廷彦)도 같이 돌아갔다. 저녁부터 비바람이 크게 일어 밤새도록 그치지 않았는데 어떻게 돌아갔는지 모르겠다.[71]

이순신은 구중궁궐에도, 광화문의 구리 동상으로 서 있지도 않았다. 그는 늘 사람들 가운데 있었다. 이름 모를 종들이나 기생, 마을의 촌로(村老)들도 이순신의 마음에는 조선의 영혼이었고 정기(正氣)였다. 이런 사랑이 있었기에 사람들은 기꺼이 이순신을 도왔다.

바울서신을 보면 마지막 부분에 수많은 이름들이 오는 걸 알 수 있다. 바울의 동역자들의 이름이다. 바울을 평생 연구했던 F.

F 부루스라는 성경학자는 '이들이 곧 바울'이라고 할 정도로 이들의 역할은 컸다. 그중에서도 로마서에는 참 흥미로운 이름이 나온다.

> 이 편지를 기록하는 나 더디오도 주 안에서 너희에게 문안하노라 나와 온 교회를 돌보아 주는 가이오도 너희에게 문안하고 이 성의 재무관 에라스도와 형제 구아도도 너희에게 문안하느니라 롬 16:22,23

'더디오'는 '셋째'라는 뜻이다. '구아도'란 말은 '넷째'라는 뜻이다. 이름이 어떻게 셋째, 넷째가 될 수가 있을까? 이들이 노예였기 때문이다. 당시 로마의 노예들은 이름이 없이 주인에게 첫째, 둘째, 셋째 등으로 불렸다. 더디오와 구아도는 노예였지만 총명한 지성을 지닌 노예였을 것이다. 이들이 예수를 믿고 바울의 사역에 귀하게 동역했던 것이다.

더디오는 바울 사도의 로마서를 대필(代筆)했다. 아마도 바울 사도가 언급했던 '육체의 가시'가 눈의 질병인지도 모른다. 그래서 바울에게는 조력자가 필요했다. 더디오는 자기 생각 한 글자 적을 수 없는 따분하면서도 이름 없고 빛도 없는 일을 묵묵히 신실하게 행했다. 그 결과 오늘날 우리가 로마서를 읽을 수 있다.

만일 더디오가 "평생 노예로 산 것도 한 맺혀 죽겠는데, 예수 믿고 나서도 겨우 편지 베끼는 일이나 하다니" 하며 이 일을 거부했다면 어떻게 되었을까? 위대한 로마서는 바울 혼자만의 일이 아니었다. 하나님의 나라도 그러하다. 아주 작은 풀잎 같은 존재들이 그 푸르름을 손 안에 쥐고 있기 때문에 하나님의 나라는 온통 푸른 것이다.

주인이 이르되 잘하였다 착한 종이여 네가 지극히 작은 것에 충성하였으니 열 고을 권세를 차지하라 하고 눅 19:17

프랭크 다라본트 | **쇼생크 탈출**

마음에 음악이 있어야 탈출한다

영화 〈몬테크리스토 백작〉에서 〈빠삐용〉, 그리고 〈프리즌 브레이크〉와 〈쇼생크 탈출〉에 이르기까지 무고한 주인공이 드라마틱하게 감옥을 탈출하는 이야기는 감옥 근처도 가보지 못한 독자들의 가슴까지 뛰게 한다.

모두들 우리의 삶이 감옥이고, 이 옥살이에서 탈출하고 싶다는 마음으로 가득하기에 그럴 것이다. 그러기에 주인공이 천신만고 끝에 감옥을 차고 나와 자유를 찾을 때 자신이 그런 양 카타르시스를 체험한다.

능력 있는 은행 간부였던 앤디 듀프레인은 불륜을 저지른 아내와 그의 정부(情夫)를 살해했다는 누명을 쓰고 종신형을 선고받는다. 그리고 악질범 수용소인 '쇼생크'에서 험한 감옥생활을 시작한다. 그러던 중 앤디는 재정 자문으로 감옥 간부들의 환심을 사게 되고, 악질 교도소장은 자신의 불법자금을 관리하는 일에 앤디의 힘을 빌리게 된다.

시간이 흘러 앤디는 교도소에서 자신의 아내와 그의 정부를 살해한 진짜 살인범인 토미를 만나게 된다. 하늘이 준 기회였다. 자신의 무죄를 입증해줄 결정적인 단서를 찾게 된 앤디는, 교도소장에게 무죄를 입증해줄 수 있도록 부탁한다. 하지만 악한 교도소장은 토미를 살해해 버린다. 앤디는 패닉 상태가 된다.

오랜 시간이 흐른 어느 날, 아침 점호 시간에 앤디가 보이지 않았다. 모두들 그가 혹시나 자살을 한 것이 아닌가 앤디의 수감실을 바라보았다.

아니다. 앤디는 감옥을 벗어났다. 더 이상 합법적으로 자유를 얻기가 힘들다고 판단하자 탈옥했던 것이다. 큰 포스터를 이용해 감옥의 벽 입구를 위장하고, 긴 세월 동안 저녁마다 벽을 파서 탈출했다.

탈출 후 앤디는 돈을 세탁했던 소장의 돈을 자신이 인출하고, 소장의 비밀장부를 신문사에 투고했다. 이에 경찰은 쇼생크로 들이 닥쳤고, 교도소장은 자살한다.

탈옥한 앤디는 평소에 꿈꾸어 왔던 태평양의 어느 섬으로 떠난다. 그리고 절친한 친구였던 레드에게, 석방되거든 그 섬으로 오라고 편지를 보내 감격의 재회를 한다.

삶과 죽음을 가른 희망

"이 안에 음악이 있었어!"

영화 속에 나오는 유명한 대사이다.

감옥에서 '희망'이라는 단어는 가장 위험한 덫일 수 있다. 그러나 앤디는 희망을 잃지 않았다. 그는 희망을 일상 속에서 구체화했다.

큰 처벌을 각오하고 간부와 협상해서 죄수들에게 시원한 음료를 맛보게 하고, 도서관을 증축하도록 설득한다. 또한 교도소 안에서도 고등학교 과정을 가르칠 수 있도록 한다. 그리고 외부 단체로부터 기부된 헌 책들 속에서 모차르트의 〈피가로의 결혼〉 음반을 발견하고는 방송실로 가서 음악을 튼다.

여기서 영화의 명장면이 나온다. 딱딱한 명령만 흘러나오던 스피커에서 오페라의 음악이 흘러나오자 모든 죄수들은 스피커를 바라보며 감동한다. 순간 죄수들의 영혼은 감옥의 벽을 넘어 새처럼 날아오른다.

앤디는 음악을 흘러보낸 대가로 독방에 감금된다. 앤디가 독방에서 풀려나자 친구들이 그를 위로했다. 그러자 앤디가 이렇게 말한다.

"괜찮았어. 계속 모차르트의 음악을 들었거든."

동료들은 카세트라도 숨겨갔냐고 물었다. 그러자 앤디는 자신의 머리와 가슴을 가리키며 말한다.

"이 안에 음악이 있었어!"

그의 가슴에 모차르트의 음악이 있었기에 독방을 견딘 것이다. 무엇보다도 그의 가슴에 '희망'이 있었기에 마침내 감옥에서 벗어난 것이다.

반면, 10대에 감옥에 들어와 50여 년을 감옥에서 보내다가 60대에 출소하게 된 부룩스는 감옥 안에 있는 것이 더 안전하고 편했다. 그는 감옥 내 도서관 사서이자, 물건을 구매자에게 가져다주는 배달원이고, 까마귀 제이크를 기르며 살았다. 가석방이 되어서 감옥을 나가야 할 때가 다가오자 발작을 일으킬 정도였다. 그러나 브룩스는 가석방 되어 세상에 나온다.

그에게는 평범하고 일상적인 삶의 공간이 모두 두려움과 공포였다. 마트에서 일을 하는데 도무지 적응할 수 없었다. 감옥에 있을 때처럼 화장실을 갈 때도 허락을 받는 것이 편했다.

그러던 어느 날, 그는 몰래 그의 지역을 벗어난다. 그리고 어느 호텔에 들어가 천정 벽에다 "브룩스가 여기 있었다"Brooks was here라고 쓰고는 목을 매 죽는다. 그는 감옥이 편한 사람이었다. 바깥 세상에 대한 소망을 잃어버린 사람이었다.

영화에서 또 하나의 인물인 레드도 부룩스의 운명처럼 될 뻔했다. 가석방된 레드는 브룩스의 유언 옆에 이런 글을 칼로 파 놓는다.

"레드도 여기 있었다."So was Red.

그러나 그는 죽지 않았다. 주인공 앤디의 '희망'에 영향을 받은 것이다. 레드의 진실한 친구 앤디는 그가 자유의 희망을 잃어버리지 않도록 권고한다. 가석방 된 레드는 부룩스처럼 죽을 수도 있었지만 결행을 잠시 늦춘다. 앤디와의 약속이 있었기 때문이다.

레드는 앤디가 보낸 편지를 따라 떡갈나무 아래 돌무더기 앞에 도착한다. 돌을 치우고 그 속에 묻혀 있는 철제 상자를 열었다. 비닐봉지에 돈 봉투와 편지가 들어 있었다.

레드, 이 편지를 읽고 있다면 밖으로 나온 거겠죠. 여기까지 왔다면 아마 좀 더 멀리 올 수도 있을 거예요. 그 마을 이름 기억하죠? 내 사업을 도와줄 좋은 친구가 필요해요. 체스판을 준비하고 당신을 기다리고 있을게요. 기억해요, 레드. 희망은 좋은 거랍니다. 어쩌면 모든 것 중에 가장 소중한 것이지요(Remember, Red. Hope is a good thing. Maybe the best of things). 좋은 것은 절대 사라지지 않죠. 이 편지가 당신을 발견하기를 기원하고, 건강하기를 희망합니다. 당신의 친구, 앤디.

참 희망 가득한 편지다. 19년 동안 억울한 옥살이를 하던 주인공 앤디는 고통스런 상황 속에서도 희망을 잃지 않았다. 그의 가슴에는 음악이 있었고, 희망이 있었다. 자유를 위해 돌망치와 모델인 리타 헤이워드의 포스터를 준비했으며, 동료들에게 자유와 연관된 시원한 음료와 모차르트의 아리아를 들려주며 자신의 내면 또한 지켜왔다.

부룩스는 감옥에 길들여졌다. 레드 또한 그렇게 될 뻔했다. 그러나 자유와 희망의 전도사 앤디 덕에 잃었던 희망과 자유를 얻는다. 레드는 탈옥한 앤디와의 약속 장소로 가서 행복하게 재회한다.

우리가 붙들어야 할 영혼의 소망

고난이 심하면, 그 고난에서 벗어나고자 하는 희망마저 잃어버리는 경우가 많다. 요한복음 5장에 나오는 베데스다 연못의 38년 된 병자가 그러했다. 소망도 잊은 채 주저앉은 그에게 주님은 이렇게 말씀하셨다.

예수께서 그 누운 것을 보시고 병이 벌써 오래된 줄 아시고 이르시되 네가 낫고자 하느냐 요 5:6

"네가 낫고자 하느냐?" 너무 우스운 질문이다. 중병에 걸린 사람이 낫기를 원치 않을 수도 있을까? 그럴 수가 있다! 더 구체적으로 말하면 나으려는 소망조차 잃어버릴 수가 있다. 고난이 너무 깊고 너무 오래 지속될 때, 고난에서 벗어나고자 하는 소망조차 잃어버릴 수가 있다. 주님은 그런 그에게 소망을 불어넣으신 것이다.

마귀는 소망을 빼앗아간다. 영원히 감옥에 있으라고 한다.

감옥에서 주는 특별 간식이나 먹는 것이 유일한 기쁨이라고 한다. 그러나 주님은 소망을 회복시켜주신다. 그리고 마침내 감옥에서 벗어나게 하신다.

입시학원 강사와 야학 교사로 일하던 청년이 있었다. 기름 때에 찌든 작업복을 입고 괴물 같은 기계 아래 누워 생활을 했고, 산동네 판잣집을 돌아다니며 싸구려 양말도 팔았다. 리어카에 사과를 한가득 싣고 팔기도 했던 그였다.

가난한 살림이었지만 그는 밤을 새워 그림을 그리며 화가의 꿈을 품었다. 그림을 팔기 위해 돈암동에 있는 여자 중학교와 마로니에 공원과 정독 도서관 앞으로 갔지만, 아무도 그의 그림을 사지 않았다. 그림은 자신의 존재이자 자존감이기도 했기에 그는 고개를 들 수가 없었다.

그는 글을 쓰기 시작했다. 오랜 시간 원고를 쓰는 동안 우울증이 밀려왔고, 이명(耳鳴)까지 들리면서 낙심에 빠지게 되었다. 그럼에도 불구하고 포기하지 않고 수없이 글을 수정하며 완성했다. 완성한 원고를 들고 다섯 군데 출판사를 찾아갔지만 모두 거절당했다.

마침내 여섯 번째 출판사가 그의 책을 출판하기로 한다. 이후 낮고 헐한 이웃들의 눈물과 웃음을 실은 그의 책은 300만이 넘는 사람들이 읽게 된다. 《연탄길》의 작가 이철환 씨의 이야기이다. 이 모든 시련 속에서도 그를 일어서게 한 것은 마음속에 있는 희망 때문이었다. 그의 고백을 들어보자.

기름때 찌든 작업복을 입고 있을 때도 나는 프란츠 카프카를 읽고 있었다. 아무도 사 가지 않는 그림 옆에 서서 고개를 들 수 없을 때도 나는 알베르 카뮈를 읽고 있었다. 도스토예프스키와 말라르메, 스타니슬라프스키와 헤르만 헤세가 있어 나는 절망하지 않았다. 하나님이 계셨기에 나는 절망하지 않았다.[72]

문제의 근원을 해결해야 한다

"내 마음에 모차르트의 음악이 있었어!"

앤디의 말처럼, 마음에 하나님의 말씀이 있는 사람, 하나님이 주신 소망이 있는 사람은 감옥에서 벗어난다. 그리하여 독수리가 날개 치며 올라감같이 날아오른다. 반면, 그 마음에 하나님이 없는 사람은 이 감옥에서 저 감옥으로 옮겨 다니는 삶을 살게 된다.

임한창의 《마음의 부자가 되는 95가지 이야기》에 보면 황당한 탈옥 사건이 나온다. 호주 시드니의 교도소에 수감된 한 죄수가 탈옥을 꿈꿨다. 그는 빵 배달차가 일정한 시간에 교도소로 오는 것을 눈여겨봤다. 그리고 감시가 소홀한 틈을 타 은밀히 그 차 안에 숨어들었다. 차 안은 산소가 부족해 숨이 막힐 정도로 답답했고 온몸은 땀과 먼지로 범벅이 됐다. 그러나 그는 얼마 후면 펼쳐질 자유로운 삶을 상상하며 고통을 꾹 참아 냈다.

이윽고 차가 멈추었다. 그는 주위를 살핀 후 조심스럽게 차에서 내렸다.

"이제는 어떤 구속도 없는 행복하고 자유스런 삶을 살리라."

그러나 배달차가 도착한 곳은 인근 교도소 구내식당이었다. 그는 곧바로 붙잡혀 다시 감옥으로 보내졌다. 그가 자유를 소망하며 탈출한 곳은 결국 또 다른 감옥이었다.

헤라클레스가 열두 가지 과업을 완수할 때 가장 힘든 괴물이 히드라(Hydra)였다. 레르나의 늪지대에 살던 히드라는 아홉 개의 머리를 가진 괴물이었는데, 이 중 한 개의 머리는 불사의 존재였다. 잘라내도 잘라내도 계속 새로운 머리가 자랐다. 그래서 '해결하려고 노력하는 데도 계속 악화되는 조건'을 가리켜 '히드라 헤디드'(hyras-headed)라고 한다.

히드라 괴물과의 싸움처럼 문제 해결만 하다가 끝나는 인생이 많다. 이 문제를 해결하면 저 문제가 나타나고, 저 문제를 해결하면 또 다른 문제가 나타난다.

마찬가지이다. 우리가 근본적인 죄의 문제를 해결하지 못한 채 이 죄에서 벗어나면 저 죄 속에서 살게 되고, 저 죄를 해결하면 또 다른 죄 속에서 살게 된다. 탈출이 아니라 그저 이 감옥에서 저 감옥으로 옮겨가는 것이다.

우리의 죄 문제를 근원적으로 해결할 수 있는 분은 우리 죄를 짊어지고 십자가에 죽으신 예수님이시다.

그 아들 예수의 피가 우리를 모든 죄에서 깨끗하게 하실 것이요

요일 1:7b

감옥에서 벗어나는 길, 바로 예수님이다.

윤동주 | 십자가

행복한
십자가

쫓아오던 햇빛인데

지금 교회당 꼭대기

십자가에 걸리었습니다.

첨탑(尖塔)이 저렇게도 높은데

어떻게 올라갈 수 있을까요.

종소리도 들려오지 않는데

휘파람이나 불며 서성거리다가,

괴로웠던 사나이,

행복한 예수 그리스도에게처럼
십자가가 허락된다면

모가지를 드리우고
꽃처럼 피어나는 피를
어두워 가는 하늘 밑에
조용히 흘리겠습니다.

윤동주 님의 시 〈십자가〉이다. 하늘과 바람과 별 사이에서 여전히 우리에게 울림을 주고 있는 윤동주 시인이, 어느 날 교회당의 십자가를 올려보면서 예수 그리스도처럼 행복한 피흘림을 허락받기를 기도한다. 그러면서 십자가의 예수님을 '행복한 예수 그리스도'라고 했다.

과거 로마에서 십자가는 최악의 형벌이었다. 극심한 고통과 목마름이 있고, 지나가는 사람들에게 돌을 맞는 모욕과 수치심으로 가득했다. 십자가 형벌은 인간이 느낄 수 있는 최고의 육체적, 정신적 고통이었다. 따라서 예수님을 '괴로웠던 사나이'라고 말한 것은 이해할 수 있다. 그런데 시인은 뒤이어 '행복한 예수 그리스도'라고 말한다. 왜일까?

십자가는 하나님이 예수님을 이 땅에 보내신 목적이었다. 예수님은 십자가의 의미를 잘 알고 계셨다. 예수님이 십자가에 죽으심으로 사람들의 죄를 사하고, 구원 얻게 하여 하나님의 나라에 들어가게 한다는 사실을 알고 계셨다. 그래서 예수님은 하나님 아버지의 뜻을 이루는 십자가에서 행복하셨다는 것이다. 십자가의 길이 행복의 길이다.

나를 향한 하나님의 뜻을 발견하라

예수님은 자신을 따르는 제자들에게 이런 말씀을 하셨다.

> 누구든지 나를 따라오려거든 자기를 부인하고 자기 십자가를 지고 나를 따를 것이니라 마 16:24

예수님은 '자기 십자가'를 지고 따르라고 하신다. 여기서 '자기 십자가'라는 말이 참 많이 곡해되어 왔다. 어떤 사람은 웬수 같은 남편이 자기 십자가라고 한다. 어떤 사람은 자식들이, 혹은 시어머니가, 어떤 분은 자신의 고질병이 자기 십자가라고 한다. 자기 십자가를 마치 불가(佛家)에서 말하는 업보(業報)의 개념으로 바라본다.

'자기 십자가'를 이해하려면 먼저 예수님이 말씀하시는 '십자가'의 의미를 알아야 한다. 예수님에게 있어서 '십자가'는 '하나님의 뜻'이었다. 예수님은 이 땅에 오셔서 우리의 죄를 사해주시려 십자가를 지셨다. 그것이 곧 예수님을 향하신 하나님 아버지의 뜻이었다. 예수님은 자신을 향한 아버지의 뜻이 십자가였듯이, 우리 각자의 십자가, 즉 우리 각자를 향하신 하나님의 기대가 있다고 말씀하시는 것이다.

예수님을 보내신 하나님의 뜻과 우리를 이 땅에 보내신 하나님의 뜻은 다르다. 따라서 예수님의 십자가와 우리 각자의 십자가는 다르다. 그래서 예수님은 나의(예수님의) 십자가를 지라고 하지 않으시고, 자기(우리의) 십자가를 지라고 하신 것이다.

쉽게 정리해보자. 우리 각자를 향하신 하나님의 기대하신 일이 바로 '자기 십자가'이다.

에리히 프롬은 대부분의 사람들이 태어나기 전에 죽는다고 한다. 그의 말을 들어 보자.

> 우리 대부분의 삶에 있어서 비극은 우리가 완전히 태어나기 전에 죽는다는 사실이다. 여기서 태어난다는 것은 단순히 어머니의 태내, 무릎, 손길로부터 벗어나는 것만이 아니라 능동적이고 창조적일 수 있도록 자유로워진다는 것을 의미한다. 갓난아이가 탯줄이 잘리자마자 호흡을 해야 하는 것처럼 인간은 모든 탄생의 순간마다 활동적이고 창조적이어야 한다.[73]

에리히 프롬의 말처럼 대부분의 사람들은 태어나기 전에 죽는다. '국자는 국 맛을 모른다'는 말이 있다. 국자의 일은 국을 떠 나르는 것이지만, 끝내 국자는 국의 달고 맵거나 짠맛을 알지 못한다. 많은 사람들이 생의 소명이 주는 맛을 모르고 국자로 삶을 마감한다.

자신이 얼마나 위대한 하나님의 걸작품인지, 자신을 향한 하나님의 창연한 비전이 무엇인지를 발견하고 자신의 아름다움을 자각하기도 전에 죽어간다. 자신이 누구인지를 모르기에, 하나님이 자신을 이 땅에 보내신 사명 또한 알지 못하고 먹고 사는 일에 칭칭 묶여 살다가 죽는다.

포로가 아닌 프로가 되라

이에 에리히 프롬은 창조적인 삶을 권한다. 여기서 '창조'란, 한 사람이 죽기 전에 새롭게 태어나는 것을 의미한다. 다시 말해 죽기 전에 내가 누구인지 이 땅에서 내 사명이 무엇인지를 발견하고 불꽃 같은 삶을 사는 것을 의미한다.

길가의 바윗덩이를 건축가가 발견하여 다듬으면 집의 주춧돌이 된다. 예술가가 발견하면 아름다운 조각품이 된다. 그러나 그대로 방치하면 행인들의 걸림돌이 된다. 주께서 나를 발견하고 택하신 것을 '은혜'라고 한다. 은혜를 받은 자에게는 '사명'이 있다.

사람은 자기 목숨을 못 박아도 좋을 만한 보람 있는 사명의 길을 걸을 때 가장 행복하다. 그래서 시인은 예수님의 십자가를 부러워한다. 그러면서 자신에게도 십자가가 허락된다면 기꺼이 모가지를 드리우고 꽃처럼 피어나는 피를 조용히 흘리겠다고 말한다.

불과 33년을 사신 예수님, 여우도 굴이 있고 공중의 새도 집이 있는데 머리 둘 곳도 없으셨던 예수님에게는 아무 소유도 감투도 없었다. 세상의 가치관으로 보면 초라하기 그지없다. 그러나 하나님이 주신 소명을 이루신 예수님은 진정한 행복자였다. 예수님은 십자가에서 숨을 거두시기 전에 "다 이루었다"라고 말씀하셨다. 그리고 자신의 생애를 아버지 하나님께 이렇게 보고하셨다.

> 아버지께서 내게 하라고 주신 일을 내가 이루어 아버지를 이 세상에서 영화롭게 하였사오니 요 17:4

프로는 끌고 가지만 포로는 끌려간다. 우리 대부분은 세상에 중독이 되어 포로처럼 끌려 다니다가 삶을 마친다. 그러나 하나님이 하라고 하신 사명의 길을 당당히 걸어간 삶이 가장 보람되고 의미 있다.

윤동주 시인이 많이 쓴 언어는 하늘, 잎새, 별, 바람, 달, 구름, 강물, 꽃, 숲, 추억, 부끄러움 같은 것들이다. 지금 우리가 쓰는 언어는 주로 아파트, 땅, 돈, 출세, 성공 같은 것들이다. 이런 것들이 무가치하다는 말이 아니다. 다만, 주께서 주신 사명을 잊고 이런 것들이 삶의 전부인 양 살아가면 안개 같은 삶을 살 뿐이라는 말이다.

윤동주 님의 또 다른 시 〈서시〉의 마지막에 이런 구절이 나온다.

오늘밤에도 별이 바람에 스치운다.

100년 전 시인이 보았던 그 별이나 오늘 우리가 보는 별이나 같은 별이다. 시인이 별을 통해 십자가를 보았듯이, 주님이 주신 별 속에서 십자가를 바라보며 행복했던 예수님처럼 사명의 길을 걷고 싶다.

후주

1) 강영안, 《강교수의 철학 이야기》, (서울: IVP, 2012), p. 17.
2) 플라톤, 《테아이테토스》, 천병희 역 (경기: 숲, 2017), p. 50.
3) 철학함은 또한 신화(mythos)의 붕괴에서 비롯된다. 신화가 깨질 때 로고스로서의 철학이 생겨난다는 것이다. 신화는 무의식적인 믿음을 의미한다. 우리 삶은 따져보지도 않은, 생각해보지도 않고 무의식적인 믿음을 바탕으로 전개되는 경우가 많다. 무작정 믿어버린 것들을 따져서 살펴 알아보려는 일이 철학함의 일이다. 철학함은 또한 난제(aporia)를 만날 때 시작된다. 그리스어 'aporia'는 '길, 통로가 끊어져 있음'을 의미한다. 길을 가다가 길이 끊어진 것을 발견한다면 "이것 참 큰일 났네!" 하면서 놀라움과 당혹감이 가득할 것이다. 이런 문제 앞에서 이 문제를 해결하기 위해 생각함이 시작되고 이것이 철학함의 상황이다.
4) 임마누엘 칸트, 《순수이성비판 2》, 백종현 역 (서울: 아카넷, 2017), p. 959.
5) 블레즈 파스칼, 《팡세》, 이환 역 (서울: 민음사, 2017), p. 496.
6) 정효구, 《시 읽는 기쁨 3》, (서울: 작가정신, 2006), p. 43.
7) 앙드레 지드, 《지상의 양식》, 김붕구 역 (서울: 문예출판사, 2016), p. 30.
8) 블레즈 파스칼, 《팡세》, p. 127.
9) 유발 하라리, 《사피엔스》, 조현욱 역 (서울: 김영사, 2015), p. 8.
10) 위의 책, p. 18.
11) 위의 책, p. 587.
12) 위의 책, p. 588.
13) 위의 책, p. 298.
14) 위의 책, p. 300.

15) 유발 하라리, 《호모 데우스》, 김명주 역 (서울: 김영사, 2017), p. 252.

16) 이 경구는 미국의 교육자 찰스 시키즈(Charles J. Sykes)가 '학교에서는 배울 수 없는 것들'(Some rules kids won't learn in school)이라는 제목으로 신문에 기고한 글을 인용한 것이다.

17) 알베르 카뮈, 《시지프 신화》, 김화영 역 (서울: 민음사, 2018), p. 49.

18) 위의 책, p. 185.

19) 위의 책, pp. 181-182.

20) 위의 책, p. 83.

21) 위의 책, p. 15.

22) 한나 아렌트, 《예루살렘의 아이히만》, 김선욱 역 (서울: 한길사, 2018), p. 391.

23) 위의 책, p. 21.

24) 조세희, 《난장이가 쏘아올린 작은 공》, (서울: 이성과 힘, 2013), p. 110.

25) 해롤드 쿠쉬너, 《왜 착한 사람에게 나쁜 일이 일어날까》, 김하범 역 (서울: 도서출판 창, 2000), p. 15.

26) 위의 책, p. 69.

27) 위의 책, pp. 193-194.

28) 위의 책, p. 67.

29) 위의 책, pp. 91-92.

30) 칼 야스퍼스, 《철학 I》, 이진오·최양석 역 (경기: 아카넷, 2017), p. 143.

31) 에리히 프롬, 《자유로부터의 도피》, 김석희 역 (서울: 휴머니스트, 2012), p. 16.

32) 위의 책, p. 46.

33) M. 스캇 펙, 《아직도 가야할 길》, 최미양 역 (서울: 율리시즈, 2012), pp. 58-59.

34) 모리스 크랜스턴, 《자유란 무엇인가》, 황문수 역 (문예출판사, 1989), p. 60.

35) 요한 하위징아, 《호모 루덴스》, 이종인 역 (서울: 연암서가, 2016), p. 62.

36) 마르틴 부버, 《나와 너》, 김천배 역 (서울: 대한기독교서회, 2019), p. 90.

37) 이성복, 《네 고통은 나뭇잎 하나 푸르게 하지 못한다》, (서울: 문학동네, 2013), p. 127.

38) 마르틴 부버, 《나와 너》, p. 16.

39) 위의 책, p.105.

40) 위의 책, p. 51-52.

41) 조지 오웰, 《1984》, 정회성 역 (서울: 민음사, 2003), p. 53.

42) KBS 역사저널 그날 제작팀, 《역사저널 그날 3》, (서울: 민음사, 2015), p. 120.

43) 마크 뷰캐넌, 《우발과 패턴》, 김희봉 역 (서울: 시공사, 2014), p. 327.

44) 김용만, 《고구려의 발견》, (서울: 바다출판사, 1998), p. 107.

45) 이석우, 《기독교사관과 역사의식》, (서울: 성광문화사, 1989), p. 28.

46) 김훈, 《칼의 노래》, (서울: 문학동네, 2013), p. 106.

47) 한명기, 《임진왜란과 한중관계》, (서울: 역사비평사, 2001), p. 71.

48) 시오노 나나미, 《로마인 이야기 10》, 김석희 역 (서울: 한길사, 2013), pp. 21-22.

49) KBS 한국사傳 제작팀, 《한국사傳 3》, (서울: 한겨레출판사, 2008), pp. 245-247.

50) 이정명, 《뿌리 깊은 나무》, (서울: 밀리언하우스, 2011), p. 276.

51) A. J. 토인비, 《역사의 연구 I》, 홍사중 역 (서울: 동서문화사, 2018), p. 421.

52) 비창조적 다수자가 창조적 소수자를 모방하고 따르는 현상을 '미메시스'(mimesis)라고 한다. 그리스어 미메시스는 '모방' 또는 '재현'(再現)이라는 뜻이다. 창조적 소수자가 미메시스를 창출하면 사회는 응전에 성공하고 문명은 성장한다. 반면 창조적 소수자가 창조력을 상실하면 사람들이 미메시스를 철회한다. 이런 과정을 '네메시스'(nemesis)라고 한다. 네메시스는 '화를 내며 비난'한다는 뜻이다. 창조적 소수자가 창조력을 잃고 지배적 소수자로 타락하면, 다수자는 미메시스를 철회하고 사회는 응전 능력을 잃고 혼란에 빠지며 문명은 쇠퇴한다.

53) 카일 아이들먼, 《팬인가 제자인가》, 정성묵 역 (서울: 두란노, 2013), pp. 28-29.

54) 에릭 카, 《역사란 무엇인가》, 권오석 역 (서울: 홍신문화사, 2017), p. 35.

55) 조지형, 《랑케 & 카 역사의 진실을 찾아서》, (서울: 김영사, 2015), p. 197.

56) 에릭 카, 《역사란 무엇인가》, p. 8.

57) 권오운, 《시인들이 결딴낸 우리말》, (서울: 문학수첩, 2018), pp. 112-113.

58) 에리히 마리아 레마르크, 《서부 전선 이상 없다》, 홍성광 역 (서울: 열린책들, 2015), p. 304.

59) 위의 책, p. 301.

60) 박완서, 《한 말씀만 하소서》, (서울: 세계사, 2013), p. 17.

61) 우에하라 하루오, 《힘 빼는 기술》, 이소영 역 (서울: 영림카디널, 2006), pp. 29-30.

62) 알랭 드 보통, 《우리는 사랑일까》, 공경희 역 (서울: 은행나무, 2011), pp. 170-172.

63) C. S. 루이스, 《순전한 기독교》, 장경철·이종태 공역 (서울: 홍성사, 2016), pp. 214-215.

64) C. S. 루이스, 《순례자의 귀향》, 홍종락 역 (서울: 홍성사, 2013), pp. 306-307.

65) 어거스틴, 《성 어거스틴의 고백록》, 선한용 역 (서울: 대한기독교서회, 2018), p. 45.

66) 에리히 프롬, 《사랑의 기술》, 황문수 역 (서울: 문예출판사, 2013), p. 13.

67) 위의 책, p. 17.

68) 위의 책, p. 13.

69) 위의 책, p. 81.

70) 이순신, 《교감완역 난중일기》, 노승석 역 (서울: 민음사, 2013), pp. 119-120.

71) 위의 책, p. 142.

72) 이철환, 《곰보빵》, (서울: 꽃삽, 2006), p. 155.

73) 에리히 프롬, 《불복종에 관하여》, 문국주 역 (서울: 범우사), p. 192.

인문학을 하나님께 2

초판 1쇄 발행	2019년 9월 9일
초판 14쇄 발행	2025년 3월 24일
지은이	한재욱
펴낸이	여진구
책임편집	김아진
편집	이영주 박소영 최현수 구주은 안수경 김도연 정아혜
책임디자인	노지현	마영애 조은혜 정은혜
홍보·외서	진효지
마케팅	김상순 강성민
마케팅지원	최영배 정나영
제작	조영석 허병용
경영지원	김혜경 김경희

303비전성경암송학교 유니게 과정
이슬비전도학교 / 303비전성경암송학교 / 303비전꿈나무장학회

펴낸곳 규장

주소 06770 서울시 서초구 매헌로 16길 20(양재2동) 규장선교센터
전화 02)578-0003 팩스 02)578-7332
이메일 kyujang0691@gmail.com
홈페이지 www.kyujang.com
페이스북 facebook.com/kyujangbook
인스타그램 instagram.com/kyujang_com
카카오스토리 story.kakao.com/kyujangbook
등록일 1978.8.14. 제1-22

ⓒ 저자와의 협약 아래 인지는 생략되었습니다.
이 출판물은 저작권법에 의해 보호를 받는 저작물이므로 무단 전재와 무단 복제를 할 수 없습니다.

책값 뒤표지에 있습니다.
ISBN 979-11-6504-004-8 03230

규 | 장 | 수 | 칙

1. 기도로 기획하고 기도로 제작한다.
2. 오직 그리스도의 성품을 사모하는 독자가 원하고 필요로 하는 책만을 출판한다.
3. 한 활자 한 문장에 온 정성을 쏟는다.
4. 성실과 정확을 생명으로 삼고 일한다.
5. 긍정적이며 적극적인 신앙과 신행일치에의 안내자의 사명을 다한다.
6. 충고와 조언을 항상 감사로 경청한다.
7. 지상목표는 문서선교에 있다.

하나님을 사랑하는 자 곧 그의 뜻대로 부르심을 입은 자들에게는 모든 것이 合力하여 善을 이루느니라(롬 8:28)

규장은 문서를 통해 복음전파와 신앙교육에 주력하는 국제적 출판사들의 협의체인 복음주의출판협회(E.C.P.A:Evangelical Christian Publishers Association)의 출판정신에 동참하는 회원(Associate Member)입니다.